## はじめに

**営業部長**
「佐藤君、何でこの程度の契約を取ってこれないんだ！ 私のやり方でお客様に提案してきなさいと言っただろう。あのお客様は絶対にA商品が必要なんだ！ しっかり提案してきなさい。それとも私が間違ってるって言うのか？」

**佐藤君**
（そんなこと言っても、あのお客様には必要ないと思うんだよなあ。いつまでも昔の勘に頼ってもらっても、今は時代が違うのに……）

また、他の場面では、

**田中君**
「部長、先月は力及ばずすみませんでした。今月はもっと一生懸命に頑張ります！ 絶対に売ってきます。売れるまで帰りません！ 見ていてください!!」

**営業部長**
（根性があるのはいいんだけど、ちゃんとお客様のことを考えて提案しているのかなあ……）

　昔の勘にばかり頼る上司、熱意だけは立派な部下、みなさんのまわりにもいるのではないでしょうか？
　戦後から高度経済成長期にかけての「モノが足りない時代」

であれば、勘や熱意だけでもモノは売れたかもしれません。

　しかし、現在のようにモノが溢れ、国内市場の成長率が鈍化し、また経済環境が目まぐるしく変化する中では、勘や熱意だけではどうにもなりません。

　勘に頼らない"商売のセンス"を持つ上司であれば、あなたに数値的な根拠を求めてくるでしょう。

　熱意だけでない"商売のセンス"を持っている部下であれば、おそらく数値的な根拠に基づいた提案をしてくるでしょう。

　そう、**今日の"商売のセンス"は、勘でも熱意でもなく、根拠となる「数値データ」にその源泉がある**のです。

「モノを売る」ということ以外にも、企業の中ではさまざまな取り組みがなされています。それらはすべて、次のような何かしらの「問題」を解決することを目的にしています。

- いかにして売上を上げるのか
- どうやってコスト削減をするのか
- 効率よく業務を進めていくためにはどうすればよいか
- 組織のコミュニケーションをより円滑にする方法はないのか

　　　　　　　　　　　　　　　　　　　……等々

「仕事とは問題解決である」と定義できるほど、本書をお読みのみなさんも、何らかの問題に囲まれているかと思います。

　本書でいう「問題」とは、いわゆる「困っている状態」のことを言いますが、それら数ある問題を解決するために、「データ分

析」ほど威力を発揮するものはありません。

　また何年も前から、ビッグデータやデータマイニングといった言葉が流行ってきたように、いかにデータを有効活用していくかに、多くの企業が取り組むようになっています。しかし、その一方で「データ分析が何でそんなにも必要なのか？」「具体的にどう活用すればいいんだろう？」と疑問に思っている人もまだまだ多いはずです。

　本書を手にしていただいたみなさんは、何となく「データ分析は重要なんだろう」とお気づきかと思いますが、なぜ重要なのか、問題解決にどのように役立つのか、という点については、深くご理解いただいている方は少ないかもしれません。

　この本では、**「問題解決の糸口を掴む考え方や方法」**を、私がコンサルティング現場で実践しているフレームワークを用いながらお話しします。また、**問題解決とは切っても切り離せないデータ分析**について、さまざまな事例を具体的に交えながら解きほぐしていきます。あわせて、データ分析に必須のエクセル（Excel）の操作方法についてもご説明します。

　本書が想定している読者は、データ分析にはじめて取り組む方、またはあらためて基礎から学びたいという方です。

　今までデータ分析について特に意識していなかった方、必要ないと思っている方にもぜひ読んでいただきたいと思っています。きっとデータ分析についての認識が変わるはずです。

　もちろん、データ分析をよくご存じの方にも満足していただけるような、ほぼ実例に近いケースも多く収録しています。

本書のベースは、2013年9月に『問題解決のためのデータ分析』として出版され、好評をいただいた書籍ですが、刊行から約5年半が経った今、事例等を大幅に入れ替え、全面的に加筆・再編集した「新装版」として再び世の中に送り出すことになりました。
　その間、何社ものコンサルティングを行ってきましたが、企業の持つデータ分析スキルが向上してきたかというと、残念ながらそのように感じることはほとんどありません。
　「業務における数値の見える化」を売り文句にした「BIツール」と呼ばれる情報ツールや、AI（人工知能）など、「データ分析」をうたっているツールやシステムの技術は確かに向上しています。しかし、それらを扱うのは"人"です。その"人"がデータ分析の考え方や扱い方を正しく理解することが重要なのです。
　時代の変化に伴って、分析するもととなる数値が多種多様になってきていますが、データ分析の考え方や進め方は変わりません。だからこそ、あらためて強くデータ分析の重要性をお伝えしたいと思い、「新装版」として本書を出すことにしたのです。

　そして、この本がビジネスパーソンや企業の問題解決につながり、結果として日本の社会・経済を元気にするために役立つのであれば、これほど嬉しいことはありません。

新装版 問題解決のためのデータ分析　目次

# はじめに ……… 003

# Chapter 0
## 今、求められているデータ分析

今どきのビジネスパーソンは数字で語れてなんぼ ……… 012

# Chapter 1
## データ分析は「課題の見極め」が9割

1 ビジネスパーソンに求められる問題解決力 ……… 022
2 データ分析のアプローチ ……… 030

Data Analysis for Problem Solving : Contents

# Chapter ②
# 課題や仮説を洗い出すための考え方

1 ロジカルシンキングが分析の明暗を分ける ……… 038

2 課題仮説を洗い出すために便利なフレームワーク ……… 040

# Chapter ③
# 分析の質を決めるデータ収集

1 目的・課題仮説に即したデータを集める ……… 048

2 埋もれた財産!社内データを引っ張り出す ……… 050

3 情報溢れるネットはデータの宝庫 ……… 059

4 ベンチマークや競合比較も他社サイトから引っ張ってこよう ……… 069

5 独自調査データで競合他社との差別化を図る ……… 078

6 調査設計が独自調査の成否の鍵を握る ……… 084

## Chapter ④
# データ分析の進め方で精度が大きく変わる

1. データ分析は大きな傾向から掴んでいく … 088
2. 大きな傾向から導き出される課題と仮説検証 … 096
3. 抽出した課題を深く掘り下げよう … 100
4. データ分析のゴールは戦略と打ち手の構築 … 103

## Chapter ⑤
# 目的に沿ったデータ分析の方法

1. 事例を通じてデータ分析を身につけよう … 108
2. 正しく収益管理をする … 112
3. お客様の声を聞くことで売上増加は可能 … 131
4. コスト削減しつつ売上を上げる高効率経営 … 156

5 適切な在庫管理が
  キャッシュを稼ぐ近道！ ……… 173

6 新しい事業のネタは
  常に消費者が持っている ……… 194

7 事業に不可欠なウェブサイトの最適化 ……… 215

# Chapter 6
# [参考] データ分析で必要な エクセルのスキルは3つだけ！

1 分析に欠かせない
  エクセルの3つの機能 ……… 226

2 関数「VLOOKUP」の
  使用方法と活用例 ……… 228

3 「ピボットテーブル」の
  使用方法と活用例 ……… 235

4 「ソルバー」の使用方法と活用例 ……… 247

# おわりに ……… 253
**読者特典** ……… 254

# Chapter 0

# 今、求められている
# データ分析

## 今どきのビジネスパーソンは数字で語れてなんぼ

### ➕ 根拠となる数値データに基づいて説明する

営業部長「鈴木君、来月行う経営企画会議で、来期の営業部の予算計画を出すんだ。その資料作成は君がやってくれないか？」

　これはチャンス。勢いよく「はい」と答えた鈴木君は、早速資料作成に取りかかります。
「今期は営業担当者が10人いて、自分は5000万円の売上だったから、来期は5500万円くらいかな。伊藤さんは最近調子悪いから今期と同じくらいかな。中村さんは……よし、できた！」
　鈴木君は、作成した来期の売上計画を、パワーポイントの資料にまとめて早速、営業部長のところに持っていきました。

営業部長「はじめてにしてはよくできているけど、やり直してもらうよ。どうしてだかわかる？　まったく数字の根拠がなっていないんだよ。何で鈴木君自身は5500万円なの？」
鈴木君　「それは……、今期が5000万円だったので、来期は10％くらい売上は伸びるだろうと……」
営業部長「じゃあその5500万円はどの商品で売上を上げる

の？ あるいはどのお客様で売上を上げていく予定なの？ ほかの人たちについても同じ。伊藤さんはなぜ売上が上がらないのかな？
**君のこの資料は、何の根拠もない、単なる「感覚」で描いたものにすぎない。**営業担当者別・商品別・お客様別と、いろんな角度から今までの傾向をデータ分析した上で計画を立てないと、単なる机上の空論だろう。根拠となる数値データに基づいて計画を立て直しなさい」

このような場面は、よくあるのではないでしょうか？

私自身もコンサルタントとしてトレーニングを受けていたときには、当時の上司に鈴木君と同じように怒られていました。

特に「なぜそのような結果になるのか？」という問いに対して十分な説明ができない場合、説明のつく分析結果が出るまで、何日も徹夜したのを覚えています。

さまざまな数値データを引っ張り出して、何十メガバイト、ときには何百メガバイトもあるようなエクセルデータを指が痛くなるまで打ち続け、それでも結果が出ない。結果が出ても、「根拠不足」や「論理性に欠ける」などダメ出しを食らって、何度もやり直し……。

そうしたことをしばらく繰り返してはじめて「数字で根拠を語る」ことができるデータ分析ができるようになったのです。

## ● データ分析によって若手でも活躍できる

私がデータ分析にのめり込むようになったのは、2つの理由からです。

1つ目の理由は、**数値データは嘘偽りなくお客様からの評価を伝えてくれるから**です。

　売上や費用などは、すべて定量的な結果です。これは、お客様が実際にその商品なりサービスに対して、価値を見出して購入した結果を表しています。

　つまり、「お客様が180人来店した」「お客様がB商品を1,800円で購入した」といったお客様の一つひとつの行動が、データとして蓄積されていくわけです。

　嘘偽りなくお客様の「評価」を反映するデータ。これを分析した上で考え抜かれた打ち手というものは、勘や熱意だけに頼った打ち手と比べると、はるかに説得力があり、結果を出せる確率も高まります。経験の少ない若手社員でも、データ分析を適切に行うことができれば、確かな戦略や打ち手を構築することができるのです。


　私がデータ分析にのめり込むようになった2つ目の理由は、**データ分析は、業種や業態を問わず、そしてどんな企業にも応用可能なスキルだから**です。

　数値データの見方さえ間違わなければ、極論するとまったく知らない業種のデータでさえ分析することが可能なのです。

　基本的には、どんな企業でも、

　　売上 － 費用 ＝ 利益

で成り立っています。そして、この利益をいかにして生み出していくかが目的となっているはず。「利益を生み出すこと」は、

どの企業にも共通する目的です。

　また、利益のもととなる売上については、どんな企業でも次の視点で整理されるはずです。

- ◉誰に売るか（お客様）
- ◉何を売るか（商品やサービス）
- ◉どこで売るか（百貨店やコンビニ、ウェブサイト、直接の訪問など）
- ◉どうやって売るか（店頭販売、通販、あるいはB to Bなど）

　費用についても、

- ◉商品原価
- ◉人件費
- ◉物流費
- ◉広告宣伝費
- ◉販売促進費

など、大きな費目はたいてい決まっています。分析する費目をどんなに細かく見ても、A4用紙1枚くらいに収まる程度の分量でしょう。

　このように、データ分析は、一度コツさえ掴んでしまえば、さまざまな業種・業態・企業に対して応用できるのです。

私がクライアントから依頼される仕事の多くは、経営やマーケティングに関する改善であり、そのほとんどが数値的根拠に基づいた施策の提案となります。

　クライアントの業種はバラバラですし、もちろん取り扱っている商品や販売方法なども異なります。私自身、データ分析という武器に助けられて、独立してコンサルタント業を経営することができているといえます。

　私は独立という道を選びましたが、企業に所属していても、データ分析さえ身につけておけば、業績を上げるのに貢献できるでしょうし、自分の評価を上げる近道になります。

　評価が上がれば、社内での部署異動や転職などの希望が叶いやすくなるでしょう。つまり、データ分析を身につけることによって、どこでも活躍できる人材になれるのです。

## ❌ 企業に必要なデータ分析

　数年前より、データ分析のできる人材を求める企業は増えてきています。

　社内でデータ分析のできる人材の育成に力を入れている企業も増加しています。事実、昨今のように環境変化の激しい中でも業績好調な企業は、データに基づいた戦略を実行しているのです。

　企業再生におけるデータ分析の事例を、いくつかピックアップしてみましょう。

たとえば、2010年1月に会社更生法の適用を申請し、2012年9月19日、東京証券取引所に再上場したJALの「アメーバ経営」が有名でしょう。

アメーバ経営とは、企業の組織を小さな損益単位に分けて、その損益をスピーディーに現場にフィードバックし、合理的な判断を行う全員参加型の経営管理制度です。

JALでは、アメーバ経営により、便ごとの収益が即座に把握されるようになり、どの便で経費の節減が必要なのかすぐに見えてくる仕組みを構築しました。結果として再生初年度の2010年度から黒字化し、高水準の利益を出すに至りました。

また、徹底した損益管理により、不採算空港からの撤退や、乗客数の少ない路線を大型機から小型機に変更することによるコスト削減、高付加価値戦略による増収策の実施など、さまざまな施策を講じました。

このように、JAL再生には、稲盛和夫氏によるデータ分析に基づいたアメーバ経営へのシフトが大きく貢献していると考えられます。

同じく航空会社のスカイマークも、2015年1月に民事再生に至りましたが、投資ファンドのインテグラル社が支援に乗り出し、融資も45億円のみ、そして何より人員削減をせずに再生に至りました。インテグラル社代表の佐山展生氏によると、民事再生に至ったのは、大型機の調達をしすぎてしまったことが根本原因とのことですが、これらもデータ分析をしたことで導き出し、企業再生をする際の施策としてよく実施される人員削減をすることなしに再建できたのだといえるでしょう。

ほかにも、多くの高収益企業が、データ分析を駆使して業績を向上させています。

たとえばスターバックスでは、新規出店や既存店のリニューアルの際、店舗調査で顧客の行動を観察することで、顧客の行動変化を示すデータを蓄積し、店舗の「実際の使われ方」を分析した上で、レイアウトを考えたり変えたりしてきました。

そして最近では、顧客の体験価値を向上させるために、ロイヤルティープログラム「Starbucks Rewards」を2017年9月から開始しています。会員プログラムによるOne to Oneマーケティングで、上質な顧客体験を提供するためのロイヤルカスタマー向けの施策になります。このプログラムにおいても「アクティブ会員率」をはじめとした指標をKPI（重要業績評価指標）に設定して、常にデータ分析をしながら顧客との関係性を高め、ブランドを強固にしていく取り組みをしているのです。

また、アマゾンは、顧客が過去に閲覧・購入した商品の履歴から嗜好を類推し、別の商品をすすめるレコメンデーション機能を高い精度で実装しています。膨大なデータを多角的に検証することで、「押しつけ」ではなく「提案」という歓迎されるやり方で提供しています。なんと、一人ひとりの顧客について、500項目の個人的属性を明らかにしていくほどのデータ分析をしているとのことです。

企業だけでなく、スポーツの世界でも、データ分析が取り入れられています。

野村克也監督がヤクルトスワローズを率いていた時代に提唱した「ID野球」は、私の世代にはとても印象に残っています。

また、全日本女子バレーボールチームの「IDバレー」も注目を集めていました。2008〜2016年まで全日本女子代表監督であった眞鍋政義監督が、試合中にiPadを持ちながら指示を出していた姿は、今でも印象に残っている人も多いのではないでしょうか。

　全日本女子バレーボールチーム情報戦略班の渡辺啓太アナリストは、ベンチ内のコーチから無線で指示を受けると、該当する統計データを選び出して監督のiPadに転送。監督は端末を操作する必要がなく、試合の指示に集中できたそうです。

　監督のiPadには、アタックの決定率が低い選手の数値が赤字で表示され、調子の良し悪しが一目瞭然でわかるようになっているため、iPadに表示される統計データを読み、ときには画面を選手に見せながら、分析結果を選手に伝えていたそうです。

　このように、データ分析は、どんな世界であっても「勝つためには必要不可欠な方法」となっているのです。

## ÷ 本書の構成

　Chapter 1 "データ分析は「課題の見極め」が9割"では、まずデータ分析の全体像を把握します。**問題解決とデータ分析のアプローチ方法**を分解しながらご説明していきます。

　Chapter 2 "課題や仮説を洗い出すための考え方"では、データ分析において特に重要である**「課題の見極め」に必要な考え方と、効率よく問題解決をするための考え方やフレームワーク**をご紹介します。

Chapter 3"データ分析の質を決めるデータ収集"では、仮説に基づきデータ分析を設計していくにあたっての**確かなデータの集め方**を具体的にご説明します。

　Chapter 4"データ分析の進め方で精度が大きく変わる"では、データ分析を実際に行う際、**効率的に進めるための具体的なコツ**をお伝えします。

　Chapter 5"目的に沿ったデータ分析の方法"では、**実例に近い事例を交えてデータ分析を解説していきます**。Chapter 5の部分を最も厚くしたのは、本書が単なる「データ分析の理論書」にならないように、実際に仕事の中で実践していただきたいとの思いがあります。実際にビジネスの現場で起こった10の事例をもとに説明しています。

　また、データ分析を実施するにあたって欠くことのできないのが、エクセルです。**データ分析においてエクセルで頻繁に活用する機能である「VLOOKUP（関数）」**（ブイルックアップ）**「ピボットテーブル」「ソルバー」**についても、参考資料としてChapter 6にまとめました。

　それでは、いざ「問題解決のためのデータ分析」の世界へ！

## Chapter 1

# データ分析は「課題の見極め」が9割

# ビジネスパーソンに求められる問題解決力 1

## ➕ 問題解決のアプローチ、4つのステップ

何らかの問題に直面したとき、思いつきに近い解決策で対応して、まずい事態に陥ってしまった、完全に失敗してしまった、ということはないでしょうか。

正しく問題解決を行うためには、以下のように、現状を正確に理解し、問題の原因を見極め、効果的な打ち手(解決策)まで考え抜き、実行するというアプローチを取ることが重要です。

❶現状の理解 ▶ ❷原因の見極め ▶ ❸打ち手の決定 ▶ ❹実行

たとえば「会社全体の売上が下がってきた」という問題に直面したとします。ただ「売上が下がってきた」という現状を理解しただけでは、何も変わりません。どんな商品が売れなくなっているのか、なぜ売れていないのか、原因を見極め、効果的な手を打つことが重要です。

つまり、ビジネスパーソンに求められる問題解決では、次のような一連の流れを実行できてはじめて「問題解決ができた」といえるのです。

❶ [現状の理解] 問題が発生している状況を正確に理解し

❷ [原因の見極め] 問題の発生している根本的な原因を見極めて
❸ [打ち手の決定] 効果的な打ち手を導き
❹ [実行] 打ち手を実行に移し、必要に応じて修正していく

　たとえば、上記でいう「売上が下がってきた」という問題を解決する際には、次のような流れとなります。

❶「売上が下がっている」という問題が発生している状況を正確に理解し
❷なぜ売上が下がってきているのか、なぜ売上を上げることができないのか、問題の発生している根本的な原因を見極めて
❸どうすれば売上を下げ止めることができるのか、効果的な打ち手を導き
❹売上を下げ止めていくための打ち手を実行に移し、必要に応じて打ち手を修正していく

「そんな面倒なことをしなくても、今までの経験があるから大丈夫！」と思われるかもしれませんが、"思いつき"の解決策を一つひとつ潰していくやり方では、アプローチのすべてを一気通貫で行うのは困難でしょう。
　また、「はじめに」でもお伝えしたように、変化の激しい現在の経済環境では、今までの経験や勘は通じにくくなっています。
　もちろん、その道何十年という方であれば、経験則でカバーできることも多いかもしれませんが、それだけではやはり環境

の変化にはついていけません。

　一番問題なのは「会社全体の売上が下がってきた」という状況に対して、「じゃあ、営業部員に喝を入れて、もっとお客様への営業を増やそう」と言って、原因の特定もせずに、場当たり的に打ち手を実行することです。
　実は客数が落ち込んでいるのではなく、客単価が落ち込んでいるのかもしれません。そしてその客単価が落ちている要因は、商品力の低下にあるのかもしれません。
　みなさんも、原因を特定し、それを潰すことが重要であるにもかかわらず、思いつきだけで打ち手を実行してしまった経験があるのではないでしょうか。
　特に、最近では本当にさまざまな問題解決のソリューションがあります。そのソリューションを活用すれば目に見える問題が解決できるのではと思い、実際に取り入れたものの、うまくいかなかった経験を持つ人もいるかもしれません。
　**問題解決のアプローチで最も重要なことは、打ち手を決定するために問題の原因を特定すること**です。原因を特定することができれば、必ず壁を打ち破る方法も考え出せるはずなのです。

　それでは、問題解決のアプローチを、4つのステップで紐解いていきましょう。

## ❶現状の理解

　起こっている現象をしっかりと理解することから始めます。
　たとえば「売上減少」という現象が起こっている場合、

- 昨年度と比べていくら減少しているのか、何％減少しているのか
- 客数が減少しているのか、客単価が減少しているのか
- どの商品の売上が減少しているのか、どの営業担当者の売上が減少しているのか

など、「今、起こっている現象」を浮き彫りにすることが必要になります。

## ❌ ❷原因の見極め

どんな問題でも、原因にはいくつか心当たりがあることでしょう。ビジネスにおいては、問題が複雑に絡み合っていることも多くあります。

問題を分解し、考えられる原因を洗い出し、根本的な原因がどこにあるのか仮説を立て、それを裏づけるデータ分析を行うことで、原因が導き出されます。この**原因を見極める部分が、問題解決をする上で最も重要**です。

今回の例のような「売上減少」という現象が生じている場合、次の4つの手順でこれを行います。

（I）可能性のある原因の洗い出し

売上減少の原因として、「来店客が少ない」「リピーターが少ない」「商品の品質が低い」「値段が高い」「店員に元気がない」……など、すぐにいくつか挙げられると思います。

思いつく限りすべて挙げることが重要です。

(2) 洗い出した原因の仮説構築

**洗い出した原因の中で、状況をしっかりと見据えていくと、実はそれらの多くは原因ではなく現象(結果)であるケースが少なくないのです。**

原因と思って挙げたものをよく見ると、それぞれが因果関係にあることがわかります。

たとえば「値段が高い」は、他社と比べて「商品の品質が低い」ことや「希少性が低い」などの理由にもなり得ます。高品質の商品やなかなか手に入れられない商品であれば、「値段が高い」という評価にはならないでしょう。

また、「新規顧客やリピーターが少ない」のは、価格の割に商品やサービスの品質が低いことにもなり得ますし、店員に元気がないのは、そもそもの問題である「売上が上がらない」からかもしれません。

このように、ある程度、経験に基づくものでかまわないので、洗い出した原因の中から可能性の高い仮説を立てます。

(3) 分析方法の決定

次に、仮説に基づいて分析方法を決定します。

たとえば、「顧客のニーズに合った商品を提供できていないことがそもそもの原因で客数が減って売上減少が起こっている」という仮説があるとします。

その場合、来店頻度や購入金額別に顧客をセグメント化(区分)し、客数の減少しているセグメントにおいて顧客が購入している商品販売実績を時系列で分析します。それによって、どの顧客層が減っており、その原因としてどんな商品が顧客ニー

ズと乖離しているかが導き出せるでしょう。

このようにして、どのような分析をすればよいのか、「分析の設計」をします。

(4) データ分析

実際に設計した分析方法に基づいてデータ分析をしていき、先ほどの、「(2) 洗い出した原因の仮説構築」で立てた仮説が正しいかどうか検証していきます。もし仮説が間違っていた場合、(2) に戻って繰り返していきます。

この (1) ～ (4) を繰り返すことで、原因を見極めることができます。

## ❸打ち手の決定

見極めた原因に対して、その原因を改善するための打ち手を決めます。とはいえ、**原因を見極めた段階で、打ち手も同時に見えてくることがほとんど**です。

たとえば、前述のように「顧客のニーズに合った商品を提供できていないことことがそもそもの原因で客数が減って売上減少が起こっている」ということであれば、

●取り扱い商品（種類や価格帯）の見直し
●競合他社に負けない商品開発（高付加価値商品の開発）

などが具体的な打ち手となるでしょう。

前者は主にさまざまな商品を仕入れるような小売業の業態・

企業の打ち手になるでしょうし、後者は主にメーカーが取るような打ち手となるでしょう。

## ❹実行

そして、いよいよ打ち手の実行です。計画を立てるだけでは問題解決になりません。**実行して成果が出て、はじめて問題解決となるのです。また、打ち手の実行後にもデータ分析は重要な役割を担います。**

実際に打ち手の効果がどの程度あったのか、仮説通りの成果は出せたのか、打ち手の実行前後での違いや打ち手の効果検証を行う際にもデータ分析は重宝します。

## ＋PDCAを回すことが重要

さて、打ち手を実行しましたが、先ほど述べたように、そこで終わりではありません。その打ち手が正しかったのかどうか判断し、もし間違っていた場合、あるいは当初に想定していたほどの効果が出なかった場合は、修正していく必要があります。

この一連の流れを「PDCAサイクルを回す」と言います。

PDCAとは、事業活動における管理業務を円滑に進めるための手法です。

これは、第2次世界大戦後、統計的品質管理・プロセス管理の考え方を構築したアメリカのウォルター・シューハートとその弟子のエドワーズ・デミングらが提唱したもので、Plan（計画）・Do（実行）・Check（点検・評価）・Act（改善・処置）の頭文字を取って「PDCAサイクル」と命名されました。

計画を立てて(Plan)、実行し(Do)、結果を評価して(Check)、評価に基づき改善して(Act)次のステップへと進めていくことはとても重要です。

日々、問題に立ち向かっているビジネスパーソンにとって、効率よくスケジューリングして業務を実行していくためにも、PDCAサイクルを回すことは欠かせません。

データ分析についても同様のことが言えます。

課題を見極めて仮説を洗い出し、データ分析により仮説思考をしながら打ち手を構築し、実行に移す。

**打ち手の構築までがPlanで、実行がDoです。しかし、ここまでだけではやりっ放しになってしまうので、しっかりと打ち手の評価、つまりCheckをした上で、改善が必要であればActすることが重要**なのです。

データ分析により、ある程度、精度の高い打ち手は構築できますが、それでも条件や環境変化ゆえに想定した成果に結びつかないこともあります。

そのためにも、PDCAを回すことによって、常に最適解を求めていくことが大事なのです。

# データ分析のアプローチ 2

## ● 一本筋の通ったアプローチを

　原因を特定する場面だけでなく、打ち手を実行したあとでも、データ分析は実に強力なツールであることをお話ししました。

　しかし、データ分析をして原因を見つけようとするとき、**具体的な「目的」を決めないままに情報を集めたり、分析に入ったりしてしまうと、まったく役に立たない情報を集めたり、ムダな情報が集まってかえって頭が混乱したりで、結果として時間をムダにしてしまうことがよくあります。**

　一番問題なのは「膨大な数値データをとりあえず分析して、そこからわかったことをもとに次の施策を立てたい」といって、目的を決めずにデータ分析に入ったために、結局は何もわからず、迷路に迷い込んでしまうというパターンです。

　そうならないためにも、具体的な課題を見つけ、現時点での仮説とその根拠は何か、仮説を確かめるにはどんな情報を集めてデータ分析する必要があるのかを検討する、以下のような一本筋の通ったアプローチが大切です。

❶課題の見極め（目的の明確化） → ❷仮説の洗い出しと絞り込み → ❸分析方法の定義 → ❹情報（データ）の収集 → ❺分析

前項でご説明した「問題解決のアプローチ、4つのステップ」において、最も重要な「❷原因の見極め」をする際に、このデータ分析のアプローチをしていきます。だからこそ、問題解決をする際にデータ分析がとても有用なのです。

## ❌ ❶課題の見極め（目的の明確化）

スポーツや学生時代の試験勉強、あるいは自分自身の人生設計も同じですが、「目的」を明確にしておかなければ、データ分析の進め方を間違えてしまい、大幅に遠回りをしてしまう可能性が大いにあり得ます。

逆にいえば、ゴールを定めて、そのゴールに向かって最適なデータ分析をすることができれば、より速く的確な戦略や打ち手を導き出せることになります。

特に、時間の流れの速い現代のビジネスにおいては、いち早く自社の問題となっている原因を探り、問題を解決するための解答を導き出すことが、売上を伸ばすため、あるいは競合他社に勝つためには欠かせないのです。

しかし、実際には、目的を決めずにデータ分析を行っている企業の例をよく見聞きします。

クライアント企業の方が作成された数値データを見せていただくことも多いのですが、単に売上や利益などの数字を時系列で並べたものや、使った広告費に対してどの程度の売上があったのかなど、少し加工した程度のものが多くみられます。

もちろん今の状態を「把握」するためには意味のあるものだと思いますが、多くの場合、それだけでは必要な「打ち手」へと

つなげることはできません。

　データ分析に対して資金や人を投入しているのであれば、コストに見合う成果を得たいものです。そのためにも、目的の明確化が必要なのです。

　もし最初から明確化することがちょっと難しいのであれば、はじめは「売上減少」などの漠然とした問題でもかまいません（あるいは売上増加といった目的でもかまいません）。徐々に目的を明確にしていけばよいのです。

　**目的を明確にすればするほど、そのあとの分析もスムーズに進みます。また、目的は具体化したほうが、それに対する打ち手もシンプルでわかりやすいものになります。**

## ❷仮説の洗い出しと絞り込み

　仮説とは、その言葉の通り「仮の答え」になります。真偽はともかくとして、「ある論点に対する仮の答え」や「わかっていないことに関する仮の答え」です。

　たとえば「この事業は儲かるはずだ」や「この問題の原因はここにあるに違いない」といったことになります。

　データ分析において、どのような場面でも必要になるのが、「仮説を構築すること」です。**仮説は、データ分析や数字で検証するための拠り所となる**のです。

　しかし、仮説をすべて洗い出したら、その数は膨大なものになるでしょう。それらすべてを実行に移すことは、現実的ではありません。そのため、優先順位をつけて絞り込んでいく必要

があります。

　経験がある人であれば、統計的に過去の実績や勘によって打ち手を想定して、自然に優先順位づけをすることができるでしょう。とはいえ、実際はそうしたスキルを持っていない人が多いと思います。

　そのような方にぜひおすすめしたいアプローチがあります。それは、「データ分析をしていくことで、複数の仮説の中から優先順位をつけていき、確度の高い打ち手を絞り込む」という手法です。

　この方法を使えば、複数出てきた仮説の中から最も問題解決に貢献しそうな仮説を選択することができ、経験や勘に頼ることなく確度の高い打ち手を絞り込んでいくことができます。

　こう書くと、いかにも難しそうなのですが、例で考えてみれば簡単です。


　たとえば、原因が何かはわからないのですが、「売上減少」という状況が起こり、社員がそれぞれの立場で売上減少の要因を考えた結果、10個の課題仮説が出たとします。

　本来はこの10個の課題仮説すべてに対して改善していきたいのですが、実際にはすべての仮説に対して人的リソースや時間的リソースをかけることはできません。しかし、少なくとも2〜3個に絞り込まなければ現実的に難しいという場合、どうしても今までの経験や勘で絞り込まれることが多いのではないでしょうか。


　そこで威力を発揮するのが、問題解決の考え方とデータ分析

です。問題解決の考え方をすることで、課題とそれに対する解決策の仮説を洗い出すことができ、その仮説を証明するのは、データ分析になります。

では、具体的にどのように絞り込むかですが、図表1に示したように、データ分析を行うことで、たくさんの仮説の中から優先順位をつけることができます。

たとえば「客数が減少しているのか、それとも客単価が減少しているのか」がわかれば、10個ある仮説はさらに絞り込めるでしょう。さらに、「客数の減少」が顕著であれば、「新規顧客の減少」「既存顧客のリピート率の減少」など原因と仮説と打ち手を絞り込むことができます。

このように、洗い出した仮説に対してより適切に「当たり」をつけていくことができるのがデータ分析なのです。

**図表1 複数の仮説の中から優先順位をつける**

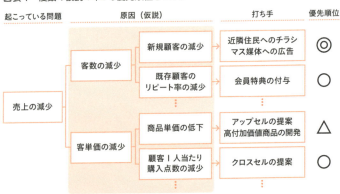

「経験や勘」と「複数の仮説の中から優先順位をつけていく」方法の2つのアプローチ、どちらが絶対にいいということはありませんが、本書をお読みの方には、後者のプロセスを実行することを強くおすすめします。

この仮説の立て方や絞り込み次第で、データ分析の精度は大きく異なるものになることを覚えておいてください。

仮説を立てるにあたって大切な考え方は、Chapter 2で解説します。また、仮説を検証する作業としてのデータ分析については、Chapter 3以降で説明します。

## ❸分析方法の定義

ここでは、仮説を検証するために、どんな数値データが必要なのか、どのような分析方法を行えばよいのかを整理していきます。

具体的には、現在、自社が持っているデータのほか、あらゆるデータの中から、どのデータを使って分析を行うのかを検討します。

分析方法の定義については、課題や出てきた仮説によってやり方が大きく変わってくるため、ポイントについてはChapter 3で詳しく説明しますが、❷で洗い出した仮説を検証するために何を分析していく必要があるのかを、抜け漏れなく整理することが、とても重要になります。

## ❹情報（データ）の収集

❸で定義したデータ分析方法に基づいて、必要な情報（使用

するデータ）を探していきます。情報収集の方法や集めるデータについては非常に多岐にわたるため、こちらについてもChapter 3で詳しく説明しますが、❸で定義した分析方法を実現させるためのデータを、いかにして集めて整理するかが、大きな鍵になってきます。

## ❺分析

最後に、集めた数値データを使った分析を進めていきます。最重要なポイントはChapter 4、実際に近いケースを用いた演習はChapter 5で解説します。

他のさまざまな仕事や業務と同様、データ分析についても、経験の数によってスピードや精度は上がっていきますが、ポイントさえ押さえてしまえば、初心者でも一定の成果を出すことができるのもデータ分析です。

そのための要素がChapter 4・Chapter 5に詰まっていますので、しっかり学んでもらえればと思います。

以上の一連の流れでデータ分析を進めていきます。

## Chapter 2

# 課題や仮説を洗い出すための考え方

# ロジカルシンキングが分析の明暗を分ける 1

## ➕ データ分析とロジカルシンキング

　苦労して分析を行うからには、成果が出る打ち手を導きたいものです。仮説をもとに根本原因を見極め、打ち手へとつなげていくことが、問題解決の成否を決定づけるといってもいいでしょう。

　この章では、仮説や課題を洗い出し、結果を出していくにあたって必要になる考え方やフレームワークをご紹介します。

　ビジネスにおけるさまざまな問題の解決には、ロジカルシンキングが重要だということがいろいろなところで語られますが、データ分析においてもロジカルシンキングが大切です。

　ロジカルシンキングを日本語でいえば「論理的思考」と表現されます。論理的思考というと、難しい理論をこねくり回して相手を論破するようなイメージを持たれる場合がありますが、それは違います。**原因と結果を明らかにするための「筋」が通った考え方**ということです。

　ロジカルシンキングは、問題解決を進めていく中で立ちはだかる数々の事象や仮説を、原因と結果にスッキリ分けて、誰が見てもわかりやすく構造化していくことなのです。

## データ分析におけるロジカルシンキングの活用

問題解決のプロセスで大切なことは、「問題の本質は何なのか」を明らかにすることです。

**つまり、「現状」と「あるべき姿」を分けて考え、あるべき姿に近づくためには、現状において何が真の問題なのかを突き止め、それらに必要な打ち手を構築して、問題をひとつずつ潰していくのです。**

数多く存在する問題をやみくもに潰していくだけでは、時間もかかり、根本的な問題解決につながりません。数ある問題の中から何が真の問題なのかを見つけることは、最小限の努力で最大の効果を得る問題解決方法にもなります。

P.030「データ分析のアプローチ」において、

❶課題の見極め（目的の明確化）
❷仮説の洗い出しと絞り込み
❸分析方法の定義
❹情報（データ）の収集
❺分析

というアプローチ方法のご説明をしました。

この中で、❶課題の見極め（目的の明確化）と、❷仮説の洗い出しと絞り込みにおいては、特にロジカルシンキングが重要となってきます。

## 課題仮説を洗い出すために便利なフレームワーク 2

### ❌ 問題の構造を把握するロジックツリー

まずは、問題点だとされていることをそのまま鵜呑みにしてしまうのではなく、「真の問題点を探していく」という意識を持つことが重要です。

問題点につながるいくつもの原因を分解して整理するために非常に便利なフレームワークが「ロジックツリー」〈図表2〉です。直訳すると「論理の木」ですが、大きな問題点からたくさんの原因や要因が枝分かれしていくのでそう呼ばれています。

図表2　ロジックツリーの例

ロジックツリーを作成するには、ロジカルシンキングをしながら全体を俯瞰していくことがポイントです。

紙に書き出していくのでもいいですし、ロジックツリーを作成するソフトウェアやインターネット上のクラウドサービスが多数あるので、それらを利用するのも一案です。

ロジックツリーを用いるメリットは主に以下の2つです。

### ❶問題の全体像が明確化できる

複雑で解決不可能とも思えるような問題点であっても、それを細分化して整理できます。起こっている現象同士のつながりを可視化することができるので、解決策（打ち手）が的確かどうかについても判断できます。

また、分析者自身の頭の整理にもなりますし、上司に説明する際や交渉・プレゼンの準備をする際にも、これまでにどのような過程をたどって分析を行ったのか思い出すことができるので、メモとしても非常に有用です。

### ❷議論のズレを修正できる

現場では「階層」のズレたところで議論を交わすことがよくありますが、それを防ぐのにもロジックツリーは役立ちます。

図表2の例でいえば、「新規顧客が減少」と「客単価が減少」の優劣を論じても、お互いの階層が異なるので比較できません。この場合は、「客数が減少」と「客単価が減少」といった同じ階層のもので優劣を論じる必要があります。

## ➗ 仮説思考におけるデータ分析

ロジックツリーをつくって問題全体の構造が見えてきたら、何が最も重要な課題なのかを決め、仮説を立てていきます。

仮説についてはChapter 1でも少し触れましたが、**「仮説思考」とは、仮説を立てていく際、最初から完璧を求めず、現時点での仮の結論（仮説）として最も重要な課題を設定し、それが正しいのか間違っているのかを検証していく考え方**です。「仮の結論」とは、その時点で最も本質的と思われる課題を指します。

仕事でデータ分析を行う場合、解決すべき重要な課題はすでに与えられている場合もあるでしょうが、それ自体が正しい課題なのかどうか疑ってかかるべきでしょう。

仮説思考にあたっては、可能性のある切り口をあらゆる角度からまんべんなく考えることが大切です。とはいえ、可能性の低そうな事項を含めてすべてを網羅的に検討したり、やみくもに考えたりしていては、時間がいくらあっても足りません。

この仮説思考を進めていくにあたり、仮説が正しいか間違っているかを検証していく過程で、データ分析は大きな力を発揮するのです。

## ➖ 解決策（打ち手）を実行する

問題の根本原因を特定し、解決に向けた仮説を立てるだけでは、問題解決にはなりません。

問題解決をする段階においては、解決策（打ち手）は、お客様や社会のニーズにぴったり合ったものでなければなりません。

また、競合などの環境を踏まえる必要もあります。

これは打ち手を行う人のセンスともいえますが、情報収集をして、現場と十分に擦り合わせをしていくことで、有効な解決策へとつながるでしょう。

## ➕ ロジックツリーを使いこなす3つのポイント

ロジックツリーを最大限に活用するためには、ポイントが3つほどあります。それぞれ解説していきましょう。

### ❶ロジックツリーをつくる際の注意点

ロジックツリーをつくる際の注意点としては、大きく2つ挙げられます。

1つは、同じレベルの枝では分類基準が揃っていることです。

そしてもう1つは、分解した要素に漏れやダブリがないことです。また、下位概念で分解した要素は、それらの上位概念のすべてが網羅されていることが重要です。

上位概念から下位概念への分解は、なるべく2～3個、多くても5個くらいまでが適当といわれています。いきなり多く分解すると内容が把握しづらく、何より漏れやダブリが発生する可能性が高くなります。

2～3個ずつに分解していきながら課題をブレークダウンしていくことが大切です。

### ❷課題仮説の抽出はMECEに

課題仮説を間違いなく抽出するためには、MECE（Mutually Exclusive and Collectively Exhaustive）に捉えることが重

要です。

　MECEは"ミーシー"と発音し、日本語に訳すと「漏れなく、ダブりなく」という意味になります。**MECEの本質は「全体を捉えて、それをいくつかの分類に正しく分けること」。そしてその際にポイントとなるのは、どのような切り口で分類するのかということです。**

　では、パソコン市場を例として、MECEになっている切り口で整理してみましょう。
「ノートパソコン」「デスクトップ」などパソコンのタイプ別の切り口、「20代」「30代」「シニア」など購入者の年代別の切り口、「個人」「法人」という使用者の属性別の切り口、あるいは「ファミリーで使う」「恋人と使う」「ビジネスで使う」など用途別の切り口などがあるでしょう。
　全体を分類するには、目的に沿って、どの切り口を使って分けるかということが大事になります。

　ただし、複数の切り口を混在させてしまうと、漏れやダブりが生じる原因になります。
　MECEになっていない例として、図表3のようなパソコン市場の切り分けが挙げられます。ここでは、ファミリー層と20代社会人層・シニア層はダブっていますし、ノートパソコンも同様です。一方、30代〜50代やキッズ層、法人顧客は市場の定義から漏れてしまっています。

　パソコン市場全体を捉えた上でMECEに分解し、その結果と

図表3　パソコン市場の切り分け

して「法人市場は力を入れない」という結論に至るのはかまいませんが、はじめから法人市場が漏れたまま考えてしまうと、意味合いが異なってきます。

　思いつくままにターゲットを出すだけでは、この例のように漏れやダブりがある状態になってしまいます。

　したがって、MECEを意識し、全体像を掴んで議論することが重要なのです。

### ❸ツリー構造にして仮説を具体化する

　問題を分解し整理するロジックツリーは、導き出された仮説を分解し整理することにも活用できます。これは「イシューツリー」と呼ばれることもあります。

　基本的な構造はロジックツリーと同じですが、「出発点」を異にしています。

たとえば、図表4のように、その時点での仮説を出発点として、そこから導かれる要素を分解していくことで、大元の仮説を具体化することができます。

　こうすることで、仮説を実行する際に検討すべきポイントを洗い出すことができるのです。

図表4　仮説のツリー（イシューツリー）

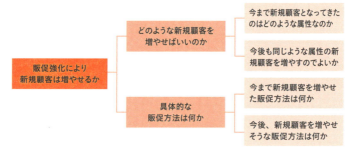

## Chapter 3

# 分析の質を決める
# データ収集

# 目的・課題仮説に即したデータを集める 1

## ➕ 数値データの過不足で起こる混乱

　データ分析を実施するにあたって、もととなる「数値データ」を正しく集めることは、その先の分析において重要な役割を担います。

　数値データが精度の高いものであればあるほど、データ分析の精度も上がり、結果として目的達成により速く的確に結びつくからです。

　準備すべき数値データに抜け漏れがある場合、数値データが足りない状態ですので、正しく解答を出せない可能性があります。その場合は、現状ある数値データの中で分析を行い、出てきた解答をもとにPDCAを回し、少しずつ改善していく必要があります。

　逆に、数値データが多すぎて頭が混乱してしまうケースもあります。実際にはこちらのほうがデータ分析をしていく中でよく見かけます。**このような混乱が起きる原因は、目的を明確にしないうちにデータ収集を始めてしまっていることです**。データが多くても、慌てないで対応することが必要です。

## ● 意外に収集に手間がかかる場合も

また、収集に手間がかかるケースとしては、同じ企業であっても、数値データが複数の部署で管理されているなど、そもそもデータの在り処が不明な場合や、フォーマットがバラバラな場合です。

形式等が統一されていなければ、まずデータ分析の前にデータ同士を紐づけしていくなどの整理が必要になってきます。

また、目的・課題仮説に即したデータを集めるために重要なポイントとして、

❶導き出した課題仮説を検証するためには
❷どんな分析をする必要があり
❸その分析をするためにはどんな数値データを収集しなければならないのか

を必ず整理することです。

そうすることで、常に目的を確認しながら、抜け漏れなく必要なデータを集めることが可能となります。

このように、データ分析をする前のデータ収集は、データ分析の質を左右する大事なポイントになりますので、侮らないようにしてください。

**埋もれた財産！
社内データを
引っ張り出す　2**

## ❌ 社内データの最低限のルール化は必要

　企業でデータ分析を行う上で、最も使うことの多いデータは、社内に蓄積されている数値データになるでしょう。

　今日の企業では、日々の売上や商品情報（仕入先や原価など）などが社内のシステムに蓄積されていることが多く、みなさんも目にしたことがあると思います。

　企業によって社内のデータの管理状況は異なっていると思いますが、**理想は数値データが一元管理されており、必要なときにすぐに出てくるようなシステムがあること**です。

　ただ、基幹システムを入れているような一定規模以上の会社を除けば、まだ日々の売上データは営業部、商品の原価や仕入情報は商品仕入部、顧客のマスターデータはシステム部というように、各部署でそれぞれ管理している企業が多いようです。

　もちろん、各部署がそれぞれで扱う数値データを保有していることが悪いと決めつけることはできません。ただ、各部署がそれぞれで数値データを保持していると、フォーマットがバラバラであるケースが多く、それぞれの数値データを突き合わせるときに大変な思いをすることになります。

　フォーマットがバラバラなだけであればまだよく、同じ商品

なのに年度によって商品IDや商品名が変わったり、部署ごとに異なる項目で管理したりしていることも頻繁にあります。その場合は各部署・各担当者にヒアリングをして項目・名称合わせから行うことになり、この作業に膨大な時間を費やすことになります。したがって、少なくとも社内で各数値（項目や名称）に対する共通ルールを設けておくことが必要です。そして、できれば同じフォーマットで記録するなどの工夫をしておくと、格段にデータの収集が楽になります。

## ÷売上データはどう使えるのか

何がどこでどのくらい売れているのかといった売上データが、商品やサービスを展開する上では最も基本的なデータです。では、具体的なケースを見ていきましょう。

### Case Study
来年度に向けた商品戦略立案を任された場合、戦略を構築していくにあたって、どのようなデータを抽出すればよいでしょうか？

まずは、それぞれの商品がどれだけ販売されたのかを分析するために、年度別の商品別売上データ〈次ページ図表5〉を引っ張ってくることが多いでしょう。

あるいは、シーズンごとに売れる商品が異なるようなビジネスであれば、日別の売上を記録したデータ〈次ページ図表6〉を抽出するか、あるいは月ごとや週ごとのデータを集めます。

図表5　商品別売上データ（年度別）

(単位：千円)

| 商品コード | 商品名 | 売上高 | | |
|---|---|---|---|---|
| | | 2016年度 | 2017年度 | 2018年度 |
| 4514632020122 | 商品A | 9,907,260 | 9,713,000 | 8,830,000 |
| 4514632020207 | 商品B | 2,689,830 | 2,717,000 | 2,860,000 |
| 4514632020375 | 商品C | 13,258,572 | 12,872,400 | 12,620,000 |
| 4514632070066 | 商品D | 8,545,770 | 9,189,000 | 10,210,000 |
| 4514632070073 | 商品E | 802,370 | 844,600 | 820,000 |
| 4514632070295 | 商品F | 1,045,440 | 950,400 | 960,000 |
| 4517799000167 | 商品G | 1,069,200 | 1,188,000 | 1,080,000 |
| 4517799001157 | 商品H | 1,643,180 | 1,694,000 | 1,540,000 |
| 4522412040024 | 商品I | 15,628,800 | 14,208,000 | 11,840,000 |
| 4532416300017 | 商品J | 5,787,020 | 5,966,000 | 6,280,000 |
| 4532416300055 | 商品K | 2,591,820 | 2,356,200 | 2,380,000 |
| 4532416300079 | 商品L | 1,801,800 | 2,002,000 | 1,820,000 |
| 4532416300161 | 商品M | 1,344,420 | 1,386,000 | 1,260,000 |

図表6　商品別売上元データ❶（日別）

| 商品コード | 商品名 | 日付 | 個数 | 金額（円） |
|---|---|---|---|---|
| 4514632020209 | 商品N | 2018/5/1 | 1 | 380 |
| 4532416300178 | 商品O | 2018/5/1 | 1 | 740 |
| 4532416700015 | 商品P | 2018/5/1 | 1 | 470 |
| 4532416900262 | 商品Q | 2018/5/1 | 1 | 250 |
| 4560218302168 | 商品R | 2018/5/1 | 1 | 1,500 |
| 4560218303189 | 商品S | 2018/5/1 | 1 | 240 |
| 4560218303196 | 商品T | 2018/5/1 | 1 | 240 |
| 4560218303202 | 商品U | 2018/5/1 | 1 | 240 |
| 4560218303219 | 商品V | 2018/5/1 | 1 | 240 |
| 4560218303516 | 商品W | 2018/5/1 | 4 | 1,000 |
| 4560218303622 | 商品X | 2018/5/1 | 1 | 300 |
| 4560218303776 | 商品Y | 2018/5/1 | 1 | 200 |
| 4560218303806 | 商品Z | 2018/5/1 | 2 | 400 |

## ● 顧客は誰なのか？（ABC分析）

さて、図表5の商品別売上データを、2018年度における売上降順に並べ替えて分析すると、商品別ABC分析の表やグラフ〈図表7・次ページ図表8〉ができます。

**「ABC分析」とは、重要度が高く、重点的に管理すべき対象を明らかにするために、A・B・Cという3つのランクに分ける方法**で、それぞれのランクに応じて管理方法を選択します。

たとえば、販売管理を行う場合、商品や得意先などに応じてABC分析を行い、販売方法や販促頻度、あるいは売場構成比などを変えていくといった施策を打つ際に使います。

図表7 商品別ABC分析（表）

（単位：千円）

| 順位 | 商品コード | 商品名 | 売上高 2016年度 | 売上高 2017年度 | 売上高 2018年度 | 2018年度 累積売上高 | 2018年度 累積売上構成比 | ランク |
|---|---|---|---|---|---|---|---|---|
| 1 | 4517799001157 | 商品C | 13,258,572 | 12,872,400 | 12,620,000 | 12,620,000 | 20.2% | A |
| 2 | 4522412040024 | 商品I | 15,628,800 | 14,208,000 | 11,840,000 | 24,460,000 | 39.1% | A |
| 3 | 4532416300079 | 商品D | 8,545,770 | 9,189,000 | 10,210,000 | 34,670,000 | 55.5% | A |
| 4 | 4517799000167 | 商品A | 9,907,260 | 9,713,000 | 8,830,000 | 43,500,000 | 69.6% | A |
| 5 | 4514632020207 | 商品J | 5,787,020 | 5,966,000 | 6,280,000 | 49,780,000 | 79.6% | A |
| 6 | 4532416300055 | 商品B | 2,689,830 | 2,717,000 | 2,860,000 | 52,640,000 | 84.2% | B |
| 7 | 4532416300161 | 商品K | 2,591,820 | 2,356,200 | 2,380,000 | 55,020,000 | 88.0% | B |
| 8 | 4532416300017 | 商品L | 1,801,800 | 2,002,000 | 1,820,000 | 56,840,000 | 90.9% | B |
| 9 | 4514632070066 | 商品H | 1,643,180 | 1,694,000 | 1,540,000 | 58,380,000 | 93.4% | C |
| 10 | 4514632020122 | 商品M | 1,344,420 | 1,386,000 | 1,260,000 | 59,640,000 | 95.4% | C |
| 11 | 4514632020375 | 商品G | 1,069,200 | 1,188,000 | 1,080,000 | 60,720,000 | 97.2% | C |
| 12 | 4514632070295 | 商品F | 1,045,440 | 950,400 | 960,000 | 61,680,000 | 98.7% | C |
| 13 | 4514632070073 | 商品E | 802,370 | 844,600 | 820,000 | 62,500,000 | 100.0% | C |

**図表8　商品別ABC分析（グラフ）**

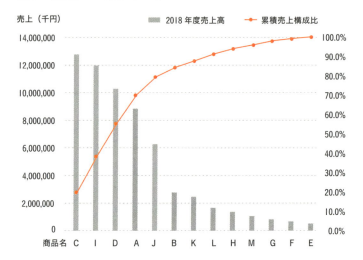

　ただし、Aランクだけを重視するというわけではなく、各ランクそれぞれで管理方法を考えることが大切です。

　一般的には、Aランクが累積売上構成比70％〜80％まで、Bランクが累積売上構成比70％（あるいは80％）〜90％まで、そしてCランクが累積売上構成比90％〜100％です。

　図表7・図表8の場合、2018年度の商品売上高でABC分析を行っていますが、上位5商品で売上全体の80％近くを占めていることがわかります。

　上記のようにABC分析を行うと、商品の優劣がはっきりするので、どれをテコ入れして販売していくのかはわかるようになりました。しかし、これで本当によいのでしょうか？
　**戦略とは「誰に、何を、どのように展開していくのか」**です。

**図表9　商品×顧客別売上データ**

| 注文番号 | 商品コード | 商品名 | 日付 | 個数 | 売上(円) | 顧客ID | 都道府県 | 年齢 | 性別 |
|---|---|---|---|---|---|---|---|---|---|
| 12680 | 4532416300178 | 商品A | 2018/5/1 | 1 | 740 | 31232 | 佐賀県 | 26 | 女性 |
| 12680 | 4932828000916 | 商品B | 2018/5/1 | 1 | 670 | 31232 | 佐賀県 | 26 | 女性 |
| 12680 | 4560218303516 | 商品C | 2018/5/1 | 2 | 500 | 31232 | 佐賀県 | 26 | 女性 |
| 12680 | 4532416700015 | 商品D | 2018/5/1 | 1 | 470 | 31232 | 佐賀県 | 26 | 女性 |
| 12680 | 4978609104329 | 商品E | 2018/5/1 | 1 | 380 | 31232 | 佐賀県 | 26 | 女性 |
| 12680 | 4932828003252 | 商品F | 2018/5/1 | 1 | 390 | 31232 | 佐賀県 | 26 | 女性 |
| 12681 | 4560218305831 | 商品G | 2018/5/1 | 4 | 1,720 | 30557 | 神奈川県 | 37 | 女性 |
| 12681 | 4560218305824 | 商品H | 2018/5/1 | 5 | 2,150 | 30557 | 神奈川県 | 37 | 女性 |
| 12682 | 0000009387760 | 商品I | 2018/5/1 | 1 | 1,640 | 31233 | 石川県 | 53 | 女性 |
| 12683 | 4959187013081 | 商品J | 2018/5/1 | 1 | 500 | 31166 | 鹿児島県 | 42 | 女性 |
| 12683 | 4560218305916 | 商品K | 2018/5/1 | 2 | 480 | 31166 | 鹿児島県 | 42 | 女性 |
| 12683 | 4532416900262 | 商品L | 2018/5/1 | 1 | 250 | 31166 | 鹿児島県 | 42 | 女性 |
| 12683 | 4560218303189 | 商品M | 2018/5/1 | 1 | 240 | 31166 | 鹿児島県 | 42 | 女性 |
| 12683 | 4560218303196 | 商品N | 2018/5/1 | 1 | 240 | 31166 | 鹿児島県 | 42 | 女性 |
| 12683 | 4560218303516 | 商品C | 2018/5/1 | 1 | 250 | 31166 | 鹿児島県 | 42 | 女性 |
| 12683 | 4560218303219 | 商品O | 2018/5/1 | 1 | 240 | 31166 | 鹿児島県 | 42 | 女性 |
| 12683 | 4560218303806 | 商品P | 2018/5/1 | 1 | 200 | 31166 | 鹿児島県 | 42 | 女性 |
| 12683 | 4560218303622 | 商品Q | 2018/5/1 | 1 | 300 | 31166 | 鹿児島県 | 42 | 女性 |
| 12683 | 4560218303202 | 商品R | 2018/5/1 | 1 | 240 | 31166 | 鹿児島県 | 42 | 女性 |

　先ほどの分析では、商品ごとの優劣が明確になるため、「何を」展開していくのかはわかるものの、「誰に」がわからないため、具体的な打ち手まで落とし込むことができません。

　結局「昨年と同様、○○商品を中心に販売していこう」で終わってしまい、売上改善にはつながりづらいでしょう。

　そこで、商品×顧客別売上データ〈図表9〉を抽出します。日別の商品別売上元データ❶〈P.052図表6〉と異なるのは、それぞれの商品を誰が購入したのかという「顧客情報」も含めているところです。

　「誰が」購入しているのか、顧客の顔が見えれば、次の打ち手を構築することができます。

この図表9のようなデータを取得することによって、図表10のような分析が可能となります。具体的には、顧客情報が入ることによって、年代別で商品の購入状況が明確にわかるようになるのです。

　P.053図表7のような商品別ABC分析までの段階では、単にどの商品を強化するかといった漠然とした打ち手しか考えられず、しかもそれが正しいのかどうかの判断も困難です。

　しかし、この図表10のように顧客の顔まで見えるようになることによって、より細かな分析結果を出すことができ、それによって打ち手も明確になっていきます。

　たとえば、売上が伸びてきている商品Dについては、構成比の高い30代女性に対してまずはアプローチをかけていくことがベターになります。

**図表10　商品別ABC表(顧客年代別)**

| 順位 | 商品コード | 商品名 | 売上高(千円) | | | 年平均成長率(CAGR) | 2018年度年代別構成比 | | | |
|---|---|---|---|---|---|---|---|---|---|---|
| | | | 2016年度 | 2017年度 | 2018年度 | | 20代 | 30代 | 40代 | 50代 |
| 1 | 4517799001157 | 商品C | 13,258,572 | 12,872,400 | 12,620,000 | -2.4% | 25% | 28% | 32% | 15% |
| 2 | 4522412040024 | 商品I | 15,628,800 | 14,208,000 | 11,840,000 | -13.0% | 28% | 26% | 29% | 17% |
| 3 | 4532416300079 | 商品D | 8,545,770 | 9,189,000 | 10,210,000 | 9.3% | 19% | 46% | 21% | 14% |
| 4 | 4517799000167 | 商品A | 9,907,260 | 9,713,000 | 8,830,000 | -5.6% | 22% | 27% | 30% | 21% |
| 5 | 4514632020207 | 商品J | 5,787,020 | 5,966,000 | 6,280,000 | 4.2% | 26% | 25% | 33% | 16% |
| 6 | 4532416300055 | 商品B | 2,689,830 | 2,717,000 | 2,860,000 | 3.1% | 19% | 22% | 32% | 27% |
| 7 | 4532416300161 | 商品K | 2,591,820 | 2,356,200 | 2,380,000 | -4.2% | 29% | 29% | 27% | 15% |
| 8 | 4532416300017 | 商品L | 1,801,800 | 2,002,000 | 1,820,000 | 0.5% | 30% | 30% | 21% | 19% |
| 9 | 4514632070066 | 商品H | 1,643,180 | 1,694,000 | 1,540,000 | -3.2% | 25% | 21% | 32% | 22% |
| 10 | 4514632020122 | 商品M | 1,344,420 | 1,386,000 | 1,260,000 | -3.2% | 24% | 19% | 28% | 29% |
| 11 | 4514632020375 | 商品G | 1,069,200 | 1,188,000 | 1,080,000 | 0.5% | 23% | 24% | 26% | 27% |
| 12 | 4514632070295 | 商品F | 1,045,440 | 950,400 | 960,000 | -4.2% | 28% | 23% | 31% | 18% |
| 13 | 4514632070073 | 商品E | 802,370 | 844,600 | 820,000 | 1.1% | 21% | 30% | 20% | 29% |

## ➕ データ同士の紐づけ

よく問題になるのが、P.055図表9のような商品×顧客別売上データがなかなか取れないということです。これは、商品別の売上データと顧客データベースが別々のファイルで保有されている場合が多いからです。

図表9のような理想的なデータは、いくつかのデータを紐づけることで完成させていきましょう。

図表11は、商品別売上元データ❶（日別）〈P.052図表6〉に顧客IDを組み合わせたものです。これと、顧客データベース〈次ページ図表12〉を紐づけします。

図表11にある顧客IDに基づき、図表12から同じIDの顧客情報を、エクセルの「VLOOKUP」という関数を使い、紐づけていきます（VLOOKUPの詳しい使い方はChapter 6で解説）。

**図表11　商品別売上元データ❷（日別）**

| 商品コード | 商品名 | 日付 | 個数 | 金額（円） | 顧客ID |
|---|---|---|---|---|---|
| 4514632020209 | 商品 N | 2018/5/1 | 1 | 380 | 31232 |
| 4532416300178 | 商品 O | 2018/5/1 | 1 | 740 | 31232 |
| 4532416700015 | 商品 P | 2018/5/1 | 1 | 470 | 31232 |
| 4532416900262 | 商品 Q | 2018/5/1 | 1 | 250 | 31232 |
| 4560218302168 | 商品 R | 2018/5/1 | 1 | 1,500 | 31232 |
| 4560218303189 | 商品 S | 2018/5/1 | 1 | 240 | 31232 |
| 4560218303196 | 商品 T | 2018/5/1 | 1 | 240 | 30557 |
| 4560218303202 | 商品 U | 2018/5/1 | 1 | 240 | 30557 |
| 4560218303219 | 商品 V | 2018/5/1 | 1 | 240 | 31232 |
| 4560218303516 | 商品 W | 2018/5/1 | 4 | 1,000 | 31166 |
| 4560218303622 | 商品 X | 2018/5/1 | 1 | 300 | 31166 |
| 4560218303776 | 商品 Y | 2018/5/1 | 1 | 200 | 31166 |
| 4560218303806 | 商品 Z | 2018/5/1 | 2 | 400 | 31166 |

**図表12　顧客データベース**

(単位：円)

| 顧客ID | 氏 | 名 | 都道府県 | 性別 | 誕生日 | 初回購入 | 最終購入 | 購入回数 | 購入合計金額 |
|---|---|---|---|---|---|---|---|---|---|
| 31001 | | | 長野県 | 女性 | 1963/8/30 | 2012/4/10 | 2018/5/13 | 62 | 762,101 |
| 31042 | | | 東京都 | 女性 | 1959/3/28 | 2012/4/27 | 2018/5/21 | 58 | 309,009 |
| 31058 | | | 長野県 | 女性 | 1973/4/18 | 2012/4/17 | 2018/5/24 | 35 | 340,680 |
| 31127 | | | 東京都 | 男性 | 1977/4/29 | 2012/4/24 | 2018/5/11 | 73 | 359,358 |
| 31191 | | | 福島県 | 女性 | 1972/7/10 | 2012/5/20 | 2018/5/11 | 22 | 205,021 |
| 31194 | | | 埼玉県 | 女性 | 1972/9/14 | 2012/5/6 | 2018/5/31 | 21 | 79,340 |
| 31202 | | | 東京都 | 男性 | 1969/10/16 | 2012/5/7 | 2018/5/22 | 27 | 209,192 |
| 31281 | | | 愛知県 | 女性 | 1981/5/28 | 2012/5/12 | 2018/5/15 | 23 | 190,187 |
| 31321 | | | 長野県 | 女性 | 1972/12/20 | 2012/5/14 | 2018/5/24 | 26 | 256,048 |
| 31428 | | | 宮城県 | 男性 | 1972/7/5 | 2012/5/29 | 2018/5/21 | 18 | 113,431 |
| 31467 | | | 広島県 | 男性 | 1963/11/3 | 2012/5/26 | 2018/5/22 | 43 | 599,924 |
| 31516 | | | 千葉県 | 女性 | 1965/11/8 | 2012/5/29 | 2018/5/28 | 35 | 299,247 |
| 31627 | | | 静岡県 | 女性 | 1968/10/14 | 2012/6/6 | 2018/5/27 | 55 | 718,328 |
| 31664 | | | 千葉県 | 女性 | 1959/8/29 | 2012/7/11 | 2018/5/28 | 21 | 111,921 |
| 31752 | | | 神奈川県 | 女性 | 1962/9/28 | 2013/6/6 | 2018/5/15 | 12 | 107,155 |
| 31823 | | | 山形県 | 女性 | 1971/4/14 | 2012/7/23 | 2018/5/20 | 31 | 137,359 |

　このように、手持ちのデータ同士を紐づけることで、分析に適した理想的なデータを完成させることができます。

　こうした売上データと顧客データベースの紐づけを行うにあたっての条件として、顧客登録（会員カードやインターネット販売での会員登録）を行っていることが前提となってきます。

　インターネット販売はもちろん、最近では店舗においても、比較的簡単に顧客情報を取れる仕組みをつくれます。もしまだ顧客データベースをお持ちでない場合は、**企業にとって最大の資産になり得る情報ですので、ぜひ顧客登録をして顧客データベースをつくり上げる仕組みを構築してください。**

# 情報溢れるネットはデータの宝庫 3

## ● 既存の商品だけでは売上増加が無理な場合も

売上を増加させていくにあたって、既存の商品だけで実現するのは難しいと判断されることがあるでしょう。

その理由は、主に**商品のライフサイクル**〈図表13〉といわれる栄枯盛衰にあります。現在の日本においては、ほとんどの業種・業態が成熟期～安定期となっているため、売上減少の問題が自社内だけにあるとは限らない場合が多いからです。

また、人口減少など、市場自体が大きく縮小していたり、国境

図表13　商品のライフサイクル

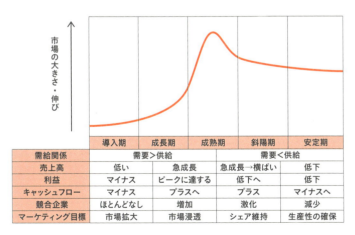

| | 導入期 | 成長期 | 成熟期 | 斜陽期 | 安定期 |
|---|---|---|---|---|---|
| 需給関係 | 需要>供給 | | | 需要<供給 | |
| 売上高 | 低い | 急成長 | 急成長→横ばい | 低下 | |
| 利益 | マイナス | ピークに達する | 低下へ | 低下 | |
| キャッシュフロー | マイナス | プラスへ | プラス | マイナスへ | |
| 競合企業 | ほとんどなし | 増加 | 激化 | 減少 | |
| マーケティング目標 | 市場拡大 | 市場浸透 | シェア維持 | 生産性の確保 | |

を問わない競合他社が新規参入することによって競争局面が変化したりしてしまっている場合もあります。

　外部に起因している問題がどこにあるのかを明らかにするために、外部からデータを探してくることも必要です。

## ❌ 市場動向は各省庁ウェブサイトにあり!

　外部データの中で最も活用するのが、各省庁や行政、業界団体などが保持している統計データです。さまざまな数値データがあり、市場動向を大掴みに見るときなどに役立ちます。大まかに分けると、❶人口統計、❷消費動向、❸経済指標、❹その他の業界や商品の市場規模など、の4つです。

　しかも、これらの数値データの多くはインターネット上で無料で公開されていますから、利用しない手はありません。

### ❶人口統計データ

　基本的に、人が多ければたくさんモノは売れますし、あまり人がいなければ商品やサービスが購入される機会は減ります。したがって、**市場規模を分析する上では、「人口の分布密度」が最も重要なファクターになります。**

　それゆえ、データ分析においては、自社商品が現状どの程度のシェアを取れているのか、今後どの程度の売上が見込めるのか分析する上で、人口統計を活用します。

　国内における人口統計データは、総務省統計局のウェブサイトで公開されています。労働力調査や、のちほどお話しする家計調査報告など、さまざまな統計データも公表されています。

http://www.stat.go.jp/data/

また、国立社会保障・人口問題研究所では、都道府県別・年代別などのより詳細な人口統計データをまとめています。過去の人口統計データや今後の人口推計なども公開されています。
http://www.ipss.go.jp/

小売店や飲食店など、エリアでの商売をされている場合は、各都道府県あるいは市区町村の行政ウェブサイトで公表されているデータを使います。たとえば、私の会社のオフィスがある東京都渋谷区のウェブサイトには「区政情報」-「統計・データ」メニューがあり、「人口・世帯」カテゴリを見ると、住民登録人口や世帯数、男女人数などを調べることができます。
http://www.city.shibuya.tokyo.jp/

### ❷消費動向データ

人口統計データとセットで活用することが多いのが、消費動向データです。

消費動向データとは、日本国内における家庭の収入・支出・貯蓄・負債などの家計の収支の平均を示した統計データです。

1世帯当たり、どの商品にどのくらいの金額を使っているのかが載っていますので、人口統計データの世帯数の数値と掛け合わせることで、商品の市場規模を算出することができます。

具体的には総務省統計局の「家計調査報告」を使用します。
http://www.stat.go.jp/data/kakei/

では、次のページで、人口統計データと消費動向データを用いて、市場規模を想定する練習をしてみましょう。

## Case Study

渋谷区のパンの市場規模を推定してみましょう。

　まず、渋谷区のウェブサイトより、渋谷区の世帯数を見ると、2017年1月時点での世帯数は134,595世帯となっています。

　次に、総務省統計局の家計調査（家計収支編）より、最新年のデータ（1. 品目分類：支出金額・名目増減率・実質増減率（年）の「総世帯」における「支出金額」）をダウンロードします。

http://www.stat.go.jp/data/kakei/longtime/soutan.html#time

　2017年までのデータの場合、ダウンロードしたファイル〈図表14〉中のセル「X18」を見ると、「パン」の2017年における1世帯当たり平均支出は、24,723円／年となっています。

**図表14　パンの1世帯当たり平均支出**

| | F | G | H | V | W | X |
|---|---|---|---|---|---|---|
| 2 | | 2000年<br>(平成12年) | 2001年<br>(平成13年) | | 2016年<br>(平成28年) | 2017年<br>(平成29年) |
| 3 | 品目分類 | | | | | |
| 4 | 世帯数分布(抽出率調整) | 10000 | 10000 | | 10000 | 10000 |
| 5 | 集計世帯数 | 8638 | 8633 | | 8400 | 8395 |
| 6 | 世帯人員(人) | 2.7 | 2.67 | | 2.35 | 2.33 |
| 7 | 18歳未満人員(人) | 0.54 | 0.52 | | 0.38 | 0.37 |
| 8 | 65歳以上人員(人) | 0.48 | 0.5 | | 0.72 | 0.74 |
| 9 | うち無職者人員(人) | 0.38 | 0.4 | | 0.58 | 0.59 |
| 10 | 有業人員(人) | 1.29 | 1.27 | | 1.08 | 1.06 |
| 11 | 世帯主の年齢(歳) | 52.3 | 52.9 | | 59 | 59.3 |
| 12 | 持家率(%) | 66.8 | 67.3 | | 75.7 | 76.5 |
| 13 | 家賃・地代を支払っている世帯の割合(%) | 30.2 | 29.9 | | 21.8 | 21 |
| 14 | 消費支出 | 3374494 | 3278199 | | 2909095 | 2921476 |
| 15 | 食料 | 865711 | 838846 | | 814503 | 811232 |
| 16 | 穀類 | 75435 | 72220 | | 62696 | 62375 |
| 17 | 米 | 32769 | 31105 | | 18634 | 18917 |
| 18 | パン | 23438 | 22327 | | 25102 | 24723 |
| 19 | 麺類 | 15607 | 15253 | | 14462 | 14172 |

これらのデータより、渋谷区のパンの市場規模を計算すると、次のようになります。

●渋谷区におけるパンの年間消費
24,723円／年 × 134,595世帯 ＝ 3,327,592,185円

以上のことから、渋谷区のパンの市場規模は、年間約33億円と推定できます。

もちろん、パンに使う金額は人により異なってきますので、渋谷区に住むすべての人が毎年24,723円をパンに使うとは限りません。また、渋谷区というエリアの特徴として、日中に区外や都外からの流入が多くなっていることがありますから、その人たちが購入するケースが多く発生するでしょう。

本来であればそのような流入・流出する人口も加味するべきなのですが、今回は単純化のため、これらは加味せずに計算していきます。

なお、33億円のうち自店舗が何割のシェアを取れているのかをひとつの指標にしておくと、市場規模に対して十分な売上が取れているのか否かがわかります。

基本的に、**店舗商売の場合は、近隣エリアでのシェアを獲得することが重要ですので**（いわゆる近所で評判のお店）、**現状、自店舗がどの程度のシェアを取れているのかを確認してみてください。**

先ほどのパンの例で挙げたように、シェアをどの程度取っているのかは、重要な指標になります。「ランチェスター戦略」を

もとに、(株)船井総合研究所がシェアについての判断基準を定めたのが、図表15の「シェア理論」です。

そもそも第1次世界大戦での空中戦の兵力差によってもたらされる飛行機の損害状況を調べて発見されたのが「ランチェスターの法則」ですが、戦後にビジネスへと転用され、企業戦略に応用されるようになったものがランチェスター戦略です。

シェア理論の第一歩としては、**消費者にある程度認知してもらえるという状態である「存在シェア」を得ることがまず必要**と考えられています。

先ほどのパン屋の例では、渋谷区全体を戦うエリアとした場合、存在シェアを得るためには2億円強の売上が必要となるということになります(展開する市場をより絞ったエリアとすると、存在シェアを得るのに必要な売上も少なくなります)。

**図表15 シェア理論**

| % | |
|---|---|
| 74% | 独占シェア |
| 55% | 相対的独占シェア |
| 42% | 相対シェア |
| 31% | 寡占シェア |
| 26% | トップシェア |
| 19% | トップグループシェア |
| 15% | 優位シェア |
| 11% | 影響シェア |
| 7% | 存在シェア |

なお、商圏の広さや目指すシェアは、業種や業態によって異なります。たとえば、量販店であれば商圏に対してシェア7％程度、地域の繁盛店やショッピングモール内の専門店では商圏に対してシェア15％程度が基準とされています。

### ❸経済指標データ

　政府により、商業の実態を明らかにすることを目的につくられたデータです。企業軸での市場データであり、業態別の企業数や従業員数・年間売上高などを調査したものです。

　自社の競合企業がどの程度あるのか、自社の売上高は業界平均よりも上なのか下なのかなど、自社のポジショニングを確認する上で活用できます。

　また、一般消費者とは直接取引をしていないB to Bの企業においても、卸での取引市場も載っています。

　ただ、調査自体が4年に1回程度しか行われていないため、あくまで概要を掴むために活用するのがよいでしょう。

　これらのデータは、経済産業省の「商業統計」にて公開されています。

http://www.meti.go.jp/statistics/tyo/syougyo/

### ❹その他市場規模データ

　行政だけでなく、さまざまな業界団体でも、独自に市場調査データを公開しています。

　以下に一例をご紹介します。

　　●百貨店：「日本百貨店協会」http://www.depart.or.jp/

- スーパーマーケット:「一般社団法人全国スーパーマーケット協会」http://www.super.or.jp/
- コンビニエンスストア:「一般社団法人日本フランチャイズチェーン協会」http://www.jfa-fc.or.jp/
- アパレル:「日本アパレル工業技術研究会」
  http://www.jat-ra.com/
- 化粧品:「日本化粧品工業連合会」
  https://www.jcia.org/user/

また、小さな業界でも、「○○協会」や「○○統計」、あるいは「○○協会　統計」などのキーワードの組み合わせでウェブ検索すると出てくることがあります。

以上、外部データについてご説明しました。
それでは、これらのデータを活用したデータ分析例をひとつ挙げてみましょう。

### Case Study

年々売上が減少する靴(履物)の卸A社。いかにして売上を増加させていくのかという課題を抱えています。外部データを活用して分析してみましょう。

国内履物類業界の売上推移〈図表16〉を見ると、自社より競合他社や市場全体の減少率のほうが高いため、自社商品が他社と比較して競争力がなくなっているわけではないようです。

図表16　国内履物類業界の売上推移

|  | 2013年度 | 2014年度 | 2015年度 | 2016年度 | 2017年度 | 年平均成長率 |
|---|---|---|---|---|---|---|
| A社売上高（百万円） | 4,523 | 4,519 | 4,509 | 4,498 | 4,487 | -0.2% |
| B社（競合）売上高（百万円） | 6,191 | 5,744 | 5,457 | 5,255 | 5,110 | -4.7% |
| 履物類の1世帯当たりの支出金額（円）…❶ | 16,331 | 17,553 | 17,355 | 16,134 | 15,557 | -1.2% |
| 世帯数（千世帯）…❷ | 55,952 | 56,412 | 56,951 | 57,477 | 58,008 | 0.9% |
| 国内履物類市場（億円）…❶×❷ | 9,138 | 9,902 | 9,884 | 9,273 | 9,024 | -0.3% |
| 人口（千人） | 128,438 | 128,226 | 128,066 | 127,907 | 127,707 | -0.1% |

　履物類市場全体の規模も縮小し、人口も減少傾向ですから、従来通りの頑張りの範囲内では、なかなか売上を上げることは難しいと想定できます。むしろ、A社は頑張っているほうだとも捉えられるのではないでしょうか。

　したがって、既存の商品群のみで、従来の事業のやり方での売上増加は難しいと判断できるでしょう。

　もし、図表16のような競合他社や市場全体のデータがなかったとしたらどうでしょうか。自社内にある数値データだけでは、単に「自社の売上が年々下がっている」という事実しかわからないということになります。

　この場合、A社内では、

　「商品が悪い」
　「営業がよくない」

「もっとプロモーションすべきだ」

など、各担当者が自らの責任を回避するような意見しか出ない可能性が高くなります。

　このように、**外部データを取得して、社内データと突き合わせをしながら分析することで、問題を明確にしていくことが可能となる**のです。

## 4 ベンチマークや競合比較も他社サイトから引っ張ってこよう

### ÷ 業界水準のコスト構造を知る(財務分析)

　自社の状態を把握する上で、**売上高や収益水準、コスト構造などを業界水準と比較することで、自社内のデータだけでは客観的に判断できない部分を補うことができます。**

　基本的に上場企業ではウェブサイト上で財務諸表などの数値データが公表されているので、自社が他社と比較した上で適正な業績水準であるのかがわかります。

> **Case Study**
> 　5年前の出来事です。あなたはサッポロビールの社員でした。あるとき、上司から営業利益率の減少を食い止め、収益性を高める戦略の骨子案を作成するよう命じられました。

　次ページ図表17のビール業界の損益計算書(P/L)を見たところ、サッポロビールは売上高・利益率ともに4位です。

　次に、単独の業績推移〈次ページ図表18〉を見ると、2009年度から売上高は増加傾向にある一方、営業利益率は2012年度で大きく悪化しています。また、P.071図表19のコスト構造推移を見ると、2011年度に原価率が下がった一方で、人件費比率とその他の比率が増加し、2012年度にはさらに販売手数料率も上がったことで、営業利益率が悪化したことがわかります。

図表17 ビール業界の損益計算書（P/L）

2012年度（単位：百万円）

|  | キリンビール | サントリー | アサヒビール | サッポロビール |
|---|---|---|---|---|
| 売上高 | 2,186,117 | 1,851,567 | 1,579,076 | 492,490 |
| 売上原価 | 1,274,472 | 923,270 | 974,702 | 313,117 |
| 粗利 | 911,704 | 928,297 | 604,374 | 179,373 |
| 粗利率 | 41.7% | 50.1% | 38.3% | 36.4% |
| 販管費計 | 758,682 | 820,553 | 495,937 | 164,958 |
| 営業利益 | 153,022 | 107,744 | 108,437 | 14,414 |
| 営業利益率 | 7.0% | 5.8% | 6.9% | 2.9% |
| 酒類売上 | 851,818 | 552,057 | 922,249 | 274,490 |
| 酒類売上構成比 | 39.0% | 29.8% | 58.4% | 55.7% |
| 酒類営業利益 | 63,357 | 31,783 | 113,305 | 7,522 |
| 酒類営業利益率 | 7.4% | 5.8% | 12.3% | 2.7% |

※各社IR資料より抜粋の上、分析

図表18 サッポロビールの業績推移

Chapter 3：分析の質を決めるデータ収集

図表 19　サッポロビールのコスト構造推移

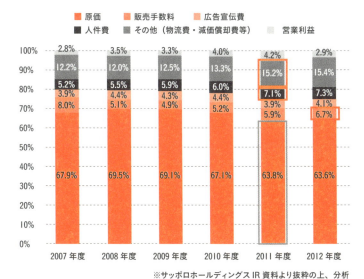

※サッポロホールディングス IR 資料より抜粋の上、分析

（単位：百万円）

| | 2007 年度 | 2008 年度 | 2009 年度 | 2010 年度 | 2011 年度 | 2012 年度 |
|---|---|---|---|---|---|---|
| 売上高 | 449,011 | 414,558 | 387,534 | 389,244 | 449,452 | 492,490 |
| 売上原価 | 305,078 | 288,146 | 267,690 | 261,211 | 286,678 | 313,117 |
| 粗利 | 143,933 | 126,411 | 119,843 | 128,032 | 162,774 | 179,373 |
| 販売手数料 | 35,862 | 21,076 | 18,972 | 20,389 | 26,390 | 32,838 |
| 広告宣伝費 | 17,371 | 18,236 | 16,717 | 17,196 | 17,532 | 20,221 |
| 人件費 | 23,530 | 22,599 | 22,956 | 23,290 | 31,719 | 35,871 |
| その他（物流費、減価償却費等） | 54,805 | 49,814 | 48,299 | 51,752 | 68,246 | 76,027 |
| 販管費計 | 131,570 | 111,726 | 106,947 | 112,629 | 143,890 | 164,958 |
| 営業利益 | 12,362 | 14,685 | 12,895 | 15,403 | 18,883 | 14,414 |

※サッポロホールディングス IR 資料より抜粋の上、分析

人件費の割合は、2010年度までは対売上高比で6％以下の水準であったのに、2011年度以降は7％を超えています。

　販売手数料については、2009年度以降、年々上昇しており、2011年度に対売上高比で5.9％だったものが、2012年度には6.7％まで上がっています。

　金額の比較的大きい「広告宣伝費」は、毎年4％前後で推移しているため、直近の営業利益率の悪化要因ではないでしょう。

　ここまででも、サッポロビールにおいて営業利益率が減少している原因の項目が判別できました。しかし、**1社だけの数値データでは、人件費や販売手数料が本当に足を引っ張っているのか判断がつきません**。もしかしたら、業界水準としては適正かもしれないからです。

　そのため、競合他社のデータを加えて分析してみましょう。

　酒類構成比がサッポロビールと同様、過半数を超えているアサヒビールを比較対象に取り上げます。

　図表20は、2012年度の2社のP/Lを比較したものです。P.070図表17のビール業界のP/Lの4社の比較において、酒類事業は売上高が上がるほど営業利益率が高まる傾向が見られました。そのため、「規模の経済（規模が大きくなるほど収益性が上がる）」がきく事業であると思われます。

　ただ、それでも他の3社と比較するとアサヒビールの営業利益率はかなり高いため、規模の経済以外の要因があることが想定されます。

図表20　2社のP/Lの比較

- 売上原価
- 販売手数料
- 広告宣伝費
- 人件費
- その他（物流費・減価償却費等）
- 営業利益

2012年度（単位：百万円）

サッポロビール:
- 2.9%
- 15.4%
- 7.3%
- 4.1%
- 6.7%
- 63.6%

アサヒビール:
- 6.9%
- 11.0%
- 5.2%
- 2.8%
- 12.4%
- 61.7%

|  | サッポロビール | アサヒビール |
|---|---|---|
| 売上高 | 492,490 | 1,579,076 |
| 売上原価 | 313,117 | 974,702 |
| 粗利 | 179,373 | 604,374 |
| 販売手数料 | 32,838 | 195,336 |
| 広告宣伝費 | 20,221 | 44,017 |
| 人件費 | 35,871 | 82,609 |
| その他（物流費、減価償却費等） | 76,027 | 173,971 |
| 販管費計 | 164,958 | 495,937 |
| 営業利益 | 14,414 | 108,437 |

　そのことを前提にP/Lを見ていきましょう。

　サッポロビールとアサヒビールの両社が展開している事業の売上の過半数は酒類事業ですが、その他の事業は大きく異なるため、コスト構成も大きく違います。

　金額の大きい原価率については、アサヒビールのほうが多少低くなっています。規模の経済のきく商品の場合、原価率を下げるためには、売上を上げていくことが重要です。

　公開情報だけで分析できる範囲は以上です。「その他」項目の対売上高比率が高いので、本当はこの部分も分析したいのですが、公開データのみでは難しいのも事実です。

サッポロビールの販売手数料は、アサヒビールと比較するとかなり低いため、この部分は改善項目には該当しないでしょう。改善できる部分としては、次に大きな人件費と広告宣伝費であると考えられます。

　まずは人件費ですが、両社の従業員数と平均年収は上場企業のためデータが開示されており、Yahooファイナンスや四季報などで確認できます。

　図表21の人件費効率の比較をご覧になるとおわかりいただけるように、平均年収はほぼ変わりません（「平均給与」と「人件費÷従業員数」の数字が異なるのは、平均給与は正社員のみで、人件費および従業員数は非正社員も含まれているため）。

　しかし、従業員1人当たりの売上高は、2000万円ほどアサヒビールのほうが多いことがわかります。

　次に、広告宣伝費の比較の部分について見たところ、アサヒビールのほうが1.5倍ほど効率的な広告を打てていることがわかります。

　自社のみのデータでは、広告宣伝費は横ばいで推移していたため、改善の余地はないようでしたが、こうして**他社と比較することで、改善の可能性が見えてくることもあります。**

　他社と比較して自社の改善点が絞り込まれたら、なぜ広告宣伝の効率が悪いのかなどの点について分析し、改善施策へと落とし込んでいきます。

　このように、競合他社が上場している場合は、情報を入手でき、業界全体で見たときの適正値が把握できるのです。

図表21　2社の人件費効率と広告宣伝費の比較

**人件費効率**

|  | サッポロビール | アサヒビール |
| --- | --- | --- |
| 売上高（百万円） | 492,490 | 1,579,076 |
| 人件費（百万円） | 35,871 | 82,609 |
| 平均給与（千円） | 9,250 | 9,960 |
| 従業員数（人） | 7,264 | 17,956 |
| 1人当たり売上高（百万円） | 67.8 | 87.9 |

**広告宣伝費**

|  | サッポロビール | アサヒビール |
| --- | --- | --- |
| 売上高（百万円） | 492,490 | 1,579,076 |
| 広告費（百万円） | 20,221 | 44,017 |
| 売上高／広告費 | 24.4 | 35.9 |

## ● 5年後の数字を比較

さて、5年経った現在では、これらの数値はどのように変化しているでしょうか？

先ほどのP.070図表18と、次ページ図表22とを比較してみましょう。

**図表22　サッポロビールの業績推移（2017年度まで）**

　売上高は着実に増加させていくことができているようです。その一方で、収益性については、「営業利益率を向上させることがいかに難しいか」ということもわかります。

　次に、生産性はどうでしょうか？　2012年度と2017年度の人件費効率と広告費効率を見てみましょう〈図表23〉。

　2012年度と比較すると、2017年度は1人当たり売上高も売上高／広告費も向上していることがわかります。広告費についてはほぼ横ばいであるため、2012年度当時のアサヒビールにはまだ及びませんが、効率化できているという仮説が立ちます。

　一方、1人当たり売上高についても効率化できているように見えますが、5年間で売上高が12％増加したのに対し、人件費は0.7％の増加、平均給与に至っては-7.2％と減少しています。

　人件費の高い年配の方や役職者の人数が減って、若い世代で

図表23　サッポロビールの人件費効率と広告費効率（2017年度まで）

|  | 2012年度 | 2017年度 | 増加率 |
|---|---|---|---|
| 売上高（百万円） | 492,490 | 551,548 | 12.0% |
| 人件費（百万円） | 35,871 | 36,129 | 0.7% |
| 平均給与（千円） | 9,250 | 8,580 | -7.2% |
| 従業員数（人） | 7,264 | 7,902 | 8.8% |
| 1人当たり売上高（百万円） | 67.8 | 69.8 | 2.9% |
| 広告費 | 20,221 | 20,239 | 0.1% |
| 売上高/広告費 | 24.4 | 27.3 | 11.9% |

も売上をつくれる仕組みができてきているのであればいいですが、単純なコスト削減であれば、もしかしたら新たな問題を生み出してしまうかもしれません……。

データ分析をすることで、ニュースやウェブサイトなどでは出てこない仮説が立てられるのも面白いですよね。

## ÷ ネットでなくても資料はたくさんある（番外編）

ニッチな市場データについて、丁寧に調査している調査会社があります。

たとえば化粧品市場では、株式会社富士経済が『化粧品マーケティング要覧』を年に1回、発行しています。価格は高いのですが、国会図書館などにも置いてあります。

ニッチすぎる市場でない限り、どの業界の市場でも、一定の資料はあるはずです。国会図書館の検索エンジンで調べれば、たいてい出てきますので、ぜひ検索してみてください。

http://iss.ndl.go.jp/

## 独自調査データで競合他社との差別化を図る 5

### ● 消費者に直接聞く！ 消費者調査

　上場していない企業の業績やお客様の認知度などの調査、これから売ろうと思っている商品やサービスのニーズなど、独自に調査しなければ入手できないデータがあります。

　そこで活用されるのが、インターネットなどを中心とした独自調査データです。

　たとえば、独自の質問内容を作成し、対象者にアンケートに答えてもらい、その結果をもとに分析をしていきます。

　消費者の生の声（たとえば購入者と非購入者の違いなど）が聞けたり、他社とのブランド認知度の違いなどを把握できたりするなど、目的に沿った調査データを取ることができます。

　独自調査をする上で最も多く利用するのが、直接消費者にアンケートを取る消費者調査です。消費者調査のやり方は複数あり、それぞれにメリット・デメリットがあります。

#### ❶訪問面接調査
　調査員が調査対象者を直接訪問してその場で質問の回答を得る調査方法

**メリット**　：回収率は一般的に高く、さらに調査対象外の
　　　　　　　人が回答することを防げる
**デメリット**：調査員が1軒ずつ訪問するため、手間、コスト
　　　　　　　が高く、調査対象者の不在などにより必要な
　　　　　　　サンプル数が集まりにくい

## ❷留置き法
質問票を後日回収する調査方法
　　**メリット**　：回収率は一般的に高く、訪問面接調査より質
　　　　　　　　問数を多く取れる
　　**デメリット**：手間・コストが高く、調査対象外の人が答え
　　　　　　　　てしまう可能性がある

## ❸会場集合調査
日時と場所を決めて調査対象者を集め、その場で質問の回答を得る調査方法
　　**メリット**　：訪問調査に比べると負担も少なく、回数を重
　　　　　　　　ねることでサンプル数を多く取れる
　　**デメリット**：地理的な制限がかかる

## ❹郵送調査
調査票を郵送し、回答後に返送してもらう調査方法
　　**メリット**　：訪問調査に比べると手間は少なく、サンプル
　　　　　　　　数も多く集めることが可能
　　**デメリット**：回収率は低くなる

### ❺電話調査

調査員やコンピューター音声による電話で質問の解答を得る調査方法

　　**メリット**　　：地理的な制限が少なく、訪問に比べればコストやスピードの面で有利
　　**デメリット**：質問の多い調査には不向き

### ❻FAX調査

FAXにより質問の解答を得る調査方法

　　**メリット**　　：電話に比べれば調査対象へ届く可能性が高く、手間やコストもかからない
　　**デメリット**：調査対象者からのクレームが多くなる可能性が高い

### ❼インターネット調査

インターネットを通じて質問の解答を得る調査方法。近年、最も多用されている調査方法であり、一般に幅広くアンケートを行う場合や、あらかじめ登録された会員に対してクローズドに行う場合などに使われることが多い

　　**メリット**　　：全国に限らず、対象地域を限定して行うこともできるなど、さまざまな設定に対応することができ、比較的スピーディーで低コストに実施可能
　　**デメリット**：調査対象者が調査会社への登録者に限定されるため、調査内容によっては結果への影響が望ましくない場合もある

インターネット調査サービスのひとつに「アンとケイト」というサービスがあります。こちらは、「サンプル人数×質問数×10円」でいつでも自由にアンケート調査ができます（2018年12月現在）。スピーディーに簡易的な調査をしたいときに重宝するサービスです。

https://research.ann-kate.jp/

❽インタビュー調査

より深く掘り下げた内容を知りたい際に、抽出された対象者に直接インタビューを行う調査方法

  **メリット** ：調査票などでは知ることのできない本音の部分（インサイト）を探ることができる
  **デメリット**：インタビュアー（司会者）の技量の高さが必要

データ分析の目的を踏まえ、どのような数値データが必要かを明らかにした上で、予算内で実施可能な調査方法を選ぶことが求められます。

## ➕ ときには足を動かす！ 実地調査の醍醐味

実地調査とは、店舗前を通る通行人の数や来店客数、あるいは価格帯ごとの商品の数など、実際に消費者との接点となる小売の現場に出向いて評価する調査です。

実地調査のメリットは、**店舗前通行量や来店客数、購入客数や展開商品など、観察者の問題意識に応じて、直接見るからこそ得られるインサイトや比較データを取れること**です。

一方で、実地調査は調査員や時間を要するため、手間とコス

トがかかります。

　図表24は、実地調査をして取得した、同エリアで展開している化粧品店（店舗A・B・C）に陳列されている商品数と価格帯の一覧です。いずれも計60種類の商品を販売していますが、価格帯の異なる商品が展開されていますので、お客様の目にはまったく異なる店舗に映ります。

　さて、お客様からすると、どの店舗が「特徴のある店舗」なのでしょうか。

　店舗Aは低価格帯の商品の占める割合が高いので、「安価な店舗」という印象が強くなります。

　一方、店舗Cは高価格帯の商品の占める割合が高いので、「高級ラインが揃っている店舗」という印象が強くなります。

　図の数字だけを見ると、店舗Bがすべての価格帯をまんべん

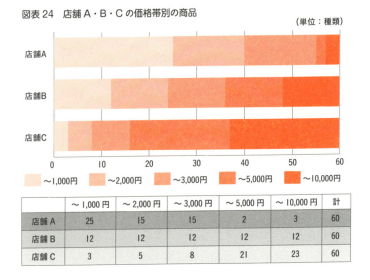

図表24　店舗A・B・Cの価格帯別の商品

（単位：種類）

|  | 〜1,000円 | 〜2,000円 | 〜3,000円 | 〜5,000円 | 〜10,000円 | 計 |
|---|---|---|---|---|---|---|
| 店舗A | 25 | 15 | 15 | 2 | 3 | 60 |
| 店舗B | 12 | 12 | 12 | 12 | 12 | 60 |
| 店舗C | 3 | 5 | 8 | 21 | 23 | 60 |

なく揃えているように思いますが、すべての価格帯において店舗A、あるいは店舗Cよりもアイテム数が少ないので、差別化ができていないといえます。

もしあなたが店舗Bの店長だとしたら、このような結果を見て、どのような戦略を取っていくでしょうか？

たとえば、店舗Aが低価格帯、店舗Cが高価格帯を強みとして展開しているので、中価格帯の商品を中心にアイテム数を多く取り揃えることが考えられます。

このように、実地調査をしたからこそ、自店舗の商品戦略が立てられることもよくあります。

また、「ミステリーショッパー（覆面調査）」といって、顧客に扮した調査員が接客を受けて、自社の店舗別や競合店舗と比較した接客状況、5Sなどを測定・評価する調査もあります。

なお、5Sとは、以下の「整理」「整頓」「清掃」「清潔」「しつけ（習慣）」の頭文字のSを取ったものです。

- ●**整理**：不要なものを捨てること
- ●**整頓**：使いやすく配置場所・配置方法を決めて表示すること
- ●**清掃**：掃除をして綺麗な状態にし、あわせて細部の点検をすること
- ●**清潔**：上記「整理」「整頓」「清掃」を徹底して、その状態を維持すること
- ●**しつけ（習慣）**：決定した取り決めを全員で共有し習慣とすること

# 調査設計が独自調査の成否の鍵を握る 6

## ● 調査設計における5つの重要ポイント

独自調査をする際に、最も大切なことが調査設計になります。調査設計を間違えると、本当に取りたかった数値データが取れないことになります。

ゆえに、データ分析の目的・仮説、そのために必要なデータ分析などの一連の流れを明確にしておくことが重要です。同じ目的でも、調査設計が異なれば、データの出来・不出来に始まって、データ分析の精度が大きく変わってきます。

以下、調査設計における重要なポイントをお話しします。

### ❶ターゲットを明確にする

既存商品の認知度や評価を調査する際、地域・年代などの対象とする範囲を定めます。

まず、調査設計の前に売上データを顧客別に分析します。「どのエリアの人がよく買ってくれているのか」「どの年代が買ってくれていないのか」など、現状把握をしましょう。

現状把握をすれば、「購入数の少ない年代に理由を聞こう」「購入率の高いエリアにその理由を聞こう」などの当たりをつけていくことができます。

消費者調査では、多くの人にアンケートを取れば取るほどコ

ストが高くなるので、ターゲットを明確にすることが大切です。

新規で開発する商品についても、ターゲットとなり得る人に対して「深く聞いていくこと」が重要なので、ある程度、対象を絞るほうが精度は高くなると同時にコストも節約できます。

実地調査についても、調査に入る前に店舗周辺の地域を歩いてみることで、競合店舗が見えてきます。

### ❷仮説を立てる

ターゲットを決めたら、家族や友人などでターゲットの属性に近い人に聞いてみることで、仮説を立てるヒントを得られます。社内データの売上データ分析や担当者へのヒアリングも有効です。

「売上減少の要因は認知度が低いから」「売上減少の要因は競合と比較すると価格が高いから」などの仮説を立てた上で、それを証明するための調査設計をしていきます。

### ❸結果から問題解決につながる内容にする

調査により得られた結果をデータ分析した際、仮説を証明し、問題解決につながる内容にしなければ意味がありません。

ある程度の回答の予測を立てた上で、その結果からデータ分析の目的を達成できることをイメージできることが重要です。「それで、この調査結果から何が導き出せるんだろう？」というツッコミを入れたくなる調査では本末転倒です。

### ❹抜け漏れをなくす

調査設計では、漏れやダブりがない（MECEになっている）

ことも重要です。

　競合他社と比較をする場合、すべての競合他社をアンケート項目の中に入れる必要があります。商品カテゴリごとの使用状況を調査する場合、全カテゴリを網羅する必要があります。

　選択肢には、該当する項目をもれなく記載しましょう。アンケート内に選択肢が書かれていないために、回答を取りこぼしてしまうことがあります。

　また、同一のものを指していても、人によって呼び方が違う場合などは、注意が必要です。たとえば、化粧水のことを「化粧水」と呼ぶ人もいれば「ローション」と呼ぶ人もいるといった具合です。その場合は注意書きで説明しましょう。

### ❺誰にでもわかる言葉で説明する

　企業側からすると当たり前であっても、一般消費者にはわからない言葉も多々あります。

　たとえば、化粧品に「BBクリーム」というものがあります。一時期、流行っていたので、女性であれば多くの方が知っているかもしれませんが、中には理解できない人もいます。

　そのため「BBクリームとは、1本でスキンケアとメイクアップベース・ファンデーションなどベースメイク機能をあわせ持つことをうたった製品」などと注意書きに付記します。

# Chapter 4

# データ分析の進め方で精度が大きく変わる

## データ分析は大きな傾向から掴んでいく 1

### ➕ なぜ「大きな傾向から」がよいのか

　Chapter 4では、効率よくデータ分析を行っていくためのコツをお話しします。

　本書は、"実戦で使える"知識をお伝えすることを目的にしており、数値データにも触れていただきたいので、図表を数多く入れています。データ分析に詳しい同僚が隣に座って説明してくれているというイメージで読んでいただければと思います。

　データ分析を効率よく進めていくにあたって大切なことは、「大きな傾向から掴んでいくこと」です。

　たとえば、全国に店舗があるような小売業態の売上を伸ばす施策を考えるためのデータ分析を行う場合、企業全体での売上推移の増減 → 売上増加している店舗と売上減少している店舗を分類 → 売上が減少している店舗の特徴は何か、といったように、**大まかな状況の傾向から掴んで、徐々に仮説を絞り込んでいく**のです。

　その上で、客数が減少しているのか、客単価が減少しているのか、立地条件での差、店長の力量の差……と細かく分析していきます。

　野球でたとえれば、一からピッチャーを育成する際、いきな

り「足はあと5cm高く上げて、手首はあと半回転捻りなさい」などといった教え方はしないでしょう。まずは、足の上げ方、腕の振り方など、大きな動きを覚えてもらうところからです。

そして、大きな動き（フォーム）を覚えたあとに、より正確なボール、あるいはより速いボールを投げるために、足を5cm高く上げたり、手首を半回転捻ったりといった細かい動作を微修正しながら精度を高めていくはずです。

データ分析もまったく同じで、大きな傾向から掴んでいき、掴んだ傾向の中で課題が見つかったところを深掘りして細かく分析していきます。

## ● 細かいところに入りすぎてしまう罠

しかし実際には、いきなり「足はあと5cm高く上げて、手首はあと半回転捻りなさい」のような、細かい部分のデータ分析から入ってしまうという罠はよくあるのです。

たとえば、図表25の商品別の売上増減率では、商品Aから商品Eの5商品を比べたときに、商品Eが最も減少率は高く、売上減少を招いている原因のように思われます。

図表25　商品別の売上増減率　　　　　　　　　　　　（売上高前年対比）

|  | 2016年度 | 2017年度 | 2018年度 |
|---|---|---|---|
| 商品A | -4.5% | -3.2% | -3.3% |
| 商品B | -0.1% | -0.5% | -0.5% |
| 商品C | 13.3% | 5.4% | 7.8% |
| 商品D | 19.9% | 16.1% | 6.6% |
| 商品E | -14.3% | -17.0% | -20.4% |

他方、図表26は、商品別の売上金額と、全売上に対する構成比に、図表25で示した増減率を加えたものです。

　最も減少率の大きい商品Eは、全売上に占める割合は2018年度にはたった2%しかないことがわかります。

　一方で、減少率は小さいものの、商品Aが全売上の減少額以上の減少をしていることがわかります。

　つまり、この場合、いくら商品Eの売上減少を抑えることができたとしても、売上全体を改善するには至らず、目的を達成させるための本質的な解決策にはなりません。売上を増加させるためには、売上全体の半分近くを占めている商品Aの売上減少要因を把握し、改善することが必要です。

　上記の例は少し極端かもしれませんが、「減少率が大きい」ことを売上減少の要因だと勘違いして、あまり意味のない分析をしてしまうことはよくあるのです。

**図表26　商品別の売上金額（増減率を含む）**

(単位：千円)

| | 2015年度 | | 2016年度 | | | 2017年度 | | | 2018年度 | | |
|---|---|---|---|---|---|---|---|---|---|---|---|
| | 売上 | 構成比 | 売上 | 構成比 | 前年対比 | 売上 | 構成比 | 前年対比 | 売上 | 構成比 | 前年対比 |
| 商品A | 565,000 | 56.5% | 539,730 | 54.0% | -4.5% | 522,375 | 52.5% | -3.2% | 504,900 | 51.0% | -3.3% |
| 商品B | 200,000 | 20.0% | 199,900 | 20.0% | -0.1% | 199,000 | 20.0% | -0.5% | 198,000 | 20.0% | -0.5% |
| 商品C | 150,000 | 15.0% | 169,915 | 17.0% | 13.3% | 179,100 | 18.0% | 5.4% | 193,050 | 19.5% | 7.8% |
| 商品D | 50,000 | 5.0% | 59,970 | 6.0% | 19.9% | 69,650 | 7.0% | 16.1% | 74,250 | 7.5% | 6.6% |
| 商品E | 35,000 | 3.5% | 29,985 | 3.0% | -14.3% | 24,875 | 2.5% | -17.0% | 19,800 | 2.0% | -20.4% |
| 合計 | 1,000,000 | 100.0% | 999,500 | 100.0% | -0.1% | 995,000 | 100.0% | -0.5% | 990,000 | 100.0% | -0.5% |

もちろん、まったく関係ないわけではなくとも、**限られた時間の中で効率的・効果的なデータ分析を行うためには、大きな傾向から順番に見ていくことが重要です。その際には、必ず"実数"を常に見ていく**、ということを意識してください。

## ❌ 大きな傾向から掴むことで「目的」も見えてくる

データ分析を行う際に、その目的を定めることが最も大切ですが、現実にはその目的が漠然としている場合がよくあるのではないでしょうか。

たとえば、社長や上司自身も、売上減少や収益性悪化の要因がわからず、解決策を立てられないために、結果としてあなたに漠然とした宿題が与えられることも少なくないと思います。

このようなとき、数値データを大きいところから分析することで、徐々に目的を詳細に定めていくことができます。

### Case Study

ある日突然、社長から呼び出しがあり「売上が減っているから売上増加施策を考えろ！」という命題が出されました。

まず会社全体の売上推移〈図表27〉を見ると、2015年度には50億円あった売上が、4年間で徐々に減少しています。

**図表27 会社全体の売上推移**

(単位：百万円)

| | 2015年度 | 2016年度 | 2017年度 | 2018年度 | 4カ年増減額 | 年平均成長率(CAGR) |
|---|---|---|---|---|---|---|
| 売上高 | 5,000 | 4,850 | 4,462 | 4,194 | -806 | -5.7% |

図表28の事業別の売上傾向を見ると、アパレル事業・不動産事業・その他事業がありますが、アパレルの販売事業が全売上の9割以上を占め、かつ減少額のほとんどを占めています。

　不動産事業は横ばい、その他事業の構成比はほとんどないので、アパレル事業に絞り、仮説を立てていきます。

- 店舗別に売上増減に差が見られるのではないか
- 商品別に売上増減に差が見られるのではないか
- 顧客別に売上増減に差が見られるのではないか

図表28　事業別の売上傾向　　　　　　　　　　　　（単位：百万円）

|  | 2015年度 | 2016年度 | 2017年度 | 2018年度 | 2018年度売上構成比 | 4カ年増減額 | 年平均成長率 |
|---|---|---|---|---|---|---|---|
| アパレル事業 | 4,750 | 4,608 | 4,194 | 3,943 | 94% | -807 | -6.0% |
| 不動産事業 | 200 | 194 | 223 | 210 | 5% | 10 | 1.6% |
| その他事業 | 50 | 49 | 45 | 42 | 1% | -8 | -5.6% |

　ロジックツリーで仮説を含めて整理したものが図表29です。ここからは、順番に数値データを分析していきます。

　店舗別売上について、店舗別の売上推移〈図表30〉を見ると、全店舗において売上が減少していることがわかります。

　どの店舗も年平均成長率が－4％～－7％となっており、多少の違いはありますが、目立つほどの差は見られないことから、売上減少の要因としては店長の力量や立地条件の可能性は低いといえます。店舗ごとに大きな差が表れていないので、競合店舗が近くに出てきて新規顧客が減少したという可能性も低いでしょう。

　そのため、この部分を深掘りしても、売上増加策につながる

Chapter 4：データ分析の進め方で精度が大きく変わる

図表29　この場合のロジックツリー

| データ分析の目的 | データ分析の方法 | 検証する仮説 |
|---|---|---|
| アパレル事業の売上減少要因の特定 | 店舗ごとの売上増減傾向に差がある（店舗別データ分析） | 競合店舗の台頭（立地条件の悪化） |
| | | 店長の力量の差 |
| | 商品ごとの売上増減傾向に差がある（商品別データ分析） | 競合商品の台頭 |
| | | 顧客ニーズ・嗜好の変化 |
| | 顧客ごとの売上増減傾向に差がある（顧客別データ分析） | 新規顧客の減少 |
| | | ヘビーユーザーの減少 |

図表30　店舗別の売上推移

（単位：百万円）

| | 2015年度 | 2016年度 | 2017年度 | 2018年度 | 4カ年増減額 | 年平均成長率 |
|---|---|---|---|---|---|---|
| 店舗A | 760 | 714 | 671 | 611 | -149 | -7.0% |
| 店舗B | 665 | 640 | 587 | 548 | -117 | -6.2% |
| 店舗C | 618 | 585 | 545 | 501 | -117 | -6.8% |
| 店舗D | 570 | 534 | 503 | 457 | -113 | -7.1% |
| 店舗E | 475 | 452 | 419 | 386 | -89 | -6.7% |
| 店舗F | 428 | 428 | 377 | 367 | -61 | -5.0% |
| 店舗G | 380 | 392 | 336 | 335 | -45 | -4.1% |
| 店舗H | 333 | 332 | 294 | 284 | -49 | -5.2% |
| 店舗I | 285 | 295 | 252 | 252 | -33 | -4.0% |
| 店舗J | 238 | 235 | 210 | 201 | -37 | -5.5% |

ような意味のある情報が得られる可能性は低くなります。

　商品別売上については、図表31の売上推移を見ていきます。
　年平均成長率がどれも同じようなことから、店舗別の売上推移と同様、商品ごとに大きな差は見られません。ただし、全体が下がっているということは、このアパレルブランド自体を好んでいたお客様の母数が減った可能性があります。たとえば、お客様の嗜好が変化したにもかかわらず、それに対応できなかったのかもしれません。
　そのような仮説を残しつつ、次にいきましょう。**大きな視点でまずはさまざまな角度から分析していくことが重要**です。

　次に、顧客別売上について見ていきます。図表32の顧客別の売上推移は、顧客を既存顧客と新規顧客に分け、それぞれの顧客の年間購買回数ごとの購入金額を示したものです。
　これを見ると、新規顧客の売上が大きく減少していることがわかります。
　既存顧客については購買頻度が高い顧客は横ばいから微増傾

**図表31　商品カテゴリ別の売上推移**

（単位：百万円）

|  | 2015年度 | 2016年度 | 2017年度 | 2018年度 | 4カ年増減額 | 年平均成長率 |
|---|---|---|---|---|---|---|
| 商品カテゴリ❶ | 1,663 | 1,613 | 1,468 | 1,400 | -263 | -5.6% |
| 商品カテゴリ❷ | 1,188 | 1,152 | 1,049 | 970 | -218 | -6.5% |
| 商品カテゴリ❸ | 855 | 829 | 755 | 722 | -133 | -5.5% |
| 商品カテゴリ❹ | 665 | 645 | 587 | 568 | -97 | -5.1% |
| 商品カテゴリ❺ | 380 | 369 | 336 | 323 | -57 | -5.3% |

図表32　顧客別の売上推移

（単位：百万円）

| | 年間購買回数 | 2015年度 | 2016年度 | 2017年度 | 2018年度 | 4カ年増減額 | 年平均成長率 |
|---|---|---|---|---|---|---|---|
| 既存顧客 | 年間10回以上 | 143 | 138 | 147 | 150 | 7 | 1.6% |
| | 年間5回以上 | 238 | 276 | 252 | 244 | 6 | 0.8% |
| | 年間3回以上 | 475 | 507 | 503 | 477 | 2 | 0.1% |
| | 年間2回 | 713 | 737 | 713 | 710 | -3 | -0.1% |
| | 年間1回 | 1,188 | 1,198 | 1,153 | 1,139 | -49 | -1.4% |
| 新規顧客 | 新規 | 1,900 | 1,751 | 1,426 | 1,222 | -678 | -13.7% |

向であり、購買頻度の低い顧客については売上が微減傾向にあるものの、減少額全体に占める構成比としては高くないので、大きな要因ではありません。

　ようやく差が出るデータ分析となりました。

　以上のことから、売上減少の要因は「主に新規顧客が取れなくなったこと」だということがいえるでしょう。

　そして、このあとの分析としては「なぜ新規顧客が減ったのか」を導き出すことにフォーカスしていくことになります。

　このように、数値データを大きな傾向から分析することで、徐々に要因を絞っていくことがとても大切なのです。

# 大きな傾向から導き出される課題と仮説検証 2

## ÷ 仮説をより確かなものにしていく

　前項で述べたように、大きな傾向から順番に分析していくことで、徐々にデータ分析の目的を達成するための課題が見えてきます。

　先ほどの例で導き出された課題は、「なぜ新規顧客が減少しているか」ということでした。この課題を解決しない限り、売上減少を食い止め、再び増加させていくことは困難です。

　そのため、**課題を見極めて精度の高い解決方法の仮説を構築するにあたっては、データ分析をした上で、担当部署および担当者といった関係者に問い合わせることも重要**になります。

　たとえば、データ分析によって導き出された次の3つの仮説も、関係者に確認することで、きちんと真偽を確かめることができます。

- 店長の力量や立地条件によって売上減少している店舗があるわけではない
- 競合店舗が出店してきたことによる売上減少ではない
- 特定商品が支持されなくなったことによる売上減少ではない

目的を達成するためには、より多くの仮説を確かなものにしていくことは必須といえます。

店舗別の売上推移や商品別の売上推移を分析していない状態で各担当者にヒアリングをしても、なかなか前に進みません。データ分析をした上で担当者に聞くことが大切です。

仮に、店舗別の売上推移のデータ分析をせずに、売上減少の要因は店舗ごとに差があるのではないかという仮説を立てた場合、あなたは担当者に、次のように聞くでしょう。
「この3年間、売上が減少しているのですが、店舗ごとに売上が減少している店やそうでない店はありますか？ あるいは、店舗によっては競合店舗が近くに出店したことや、店長の力量によっても売上が変わってくるんではないですかね？」

こう尋ねた場合、担当者はどのように思うでしょうか？ 忙しいのに、要領の得ない話を聞かされてうんざりしてしまいますよね。これでは、何も解決に近づきません。

しかし、データ分析を行った上でヒアリングをした場合、次のように理路整然と話を進めることができます。
「この3年間で売上が減少しているのですが、店舗別に見ると店舗ごとに大きな差は見られません。近くに競合店舗が出店したことによる売上減少や、店長の力量の差による売上減少ではないと思うのですが、いかがでしょう？」

この場合、担当者は「Yes」か「No」と答えるだけで済みます。

このように、データ分析は、社内のコミュニケーションをよ

くする上でも重要な役割を担います。

担当者にも確認を取った上で仮説が正しければ、店舗別での分析はそれで完了となります。

## ➖ 先入観なく客観的な立場で判断できる

データ分析をした上で担当者にヒアリングをするもうひとつのメリットは、「客観的な立場で判断できること」です。

データ分析をする前に担当者にヒアリングをしても、要領を得ない回答しか期待できないでしょう。また、自分よりも専門知識を持った人であるがゆえ、その意見に引っ張られてしまう可能性があります。

その状態でデータ分析をしてしまうと、担当者の意見を証明するような結果を導き出すことに視点が向かってしまう危険性があります。また、データ分析結果とヒアリング内容に矛盾が生じたとしても、気がつかないかもしれません。

したがって、担当者にヒアリングをする前の、先入観なく客観的な立場でデータ分析をすることをおすすめします。

## ➕ 出てきた分析結果をまず疑ってみる

データ分析で出てきた結果は紛れもない「事実」ですが、いったんその真偽を疑ってみる癖をつけるといいでしょう。

人間ですから、分析方法あるいは計算式など、間違う可能性は大いにあります。データ分析の結果が常に正しいものと思っていたら、間違いに気づかなくなってしまいます。

また、データ分析の結果に対し「本当に正しいのかどうか」を見極め、最適な解決策を導いていくためには、その事業や現場をよく知っておく必要があります。

　現場のことを知っていれば、データ分析の結果の数値がおかしい場合に違和感を抱くこともできますし、どこに間違いがあるのかも探し出すことができるでしょう。

　だからこそ、事業会社で現場を知っている人がデータ分析をできるようになると、大きなバリューを発揮できるのです。

## 抽出した課題を深く掘り下げよう 3

### ● さらに分析した上で関係者にもヒアリング

引き続き、先ほどの例を用いて説明していきます。

売上減少の要因として、「新規顧客が会社全体として獲得できなくなっていること」が課題であることが導き出せました。新規顧客の獲得にダイレクトに結びつく施策は、広告・広報活動ですので、そこが原因ではないかという仮説が立ちます。

次のステップでは、その仮説に伴い、深掘りしていきます。まず、図表33に示したこの会社のP/Lを見てみましょう。

図表33 当該企業のP/L

(単位:百万円)

|  | 2015年度 金額 | 構成比 | 2016年度 金額 | 構成比 | 2017年度 金額 | 構成比 | 2018年度 金額 | 構成比 |
|---|---|---|---|---|---|---|---|---|
| 売上高 | 5,000 |  | 4,850 |  | 4,462 |  | 4,194 |  |
| 原価 | 2,350 | 47.0% | 2,289 | 47.2% | 2,119 | 47.5% | 1,988 | 47.4% |
| 粗利 | 2,650 | 53.0% | 2,561 | 52.8% | 2,343 | 52.5% | 2,206 | 52.6% |
| 人件費 | 750 | 15.0% | 746 | 15.4% | 743 | 16.6% | 739 | 17.6% |
| 物流費 | 425 | 8.5% | 412 | 8.5% | 379 | 8.5% | 357 | 8.5% |
| 広告宣伝費 | 900 | 18.0% | 630 | 13.0% | 495 | 11.1% | 495 | 11.8% |
| その他 | 250 | 5.0% | 243 | 5.0% | 223 | 5.0% | 210 | 5.0% |
| 販管費計 | 2,325 | 46.5% | 2,031 | 41.9% | 1,840 | 41.2% | 1,800 | 42.9% |
| 営業利益 | 325 | 6.5% | 530 | 10.9% | 503 | 11.3% | 406 | 9.7% |

「企業全体としての広告・広報活動に原因があるのではないか」というのが仮説ですが、その通り、2016年度から広告宣伝費を大きく縮小しています。会社全体として、広告・広報活動に使う予算を削っているようです。

それに伴って、営業利益率は増加していますが、売上高が減少することによって人件費比率が上がり、2018年度からはまた営業利益率が減少し始めています。

これこそが「新規顧客が獲得できていない理由」であり、近年、売上が減少している根本原因だと言っても間違いではないでしょう。

次に、その仮説で正しいのか、関係者に確認します。

すると、「自社の認知度も高くなり、ほとんどの人に知られるようになったため、テレビCMをやめた」とのこと。

データ分析から最終的に導き出される結果は、極めてシンプルなものがほとんどです。

上記はあくまで例ですが、**同様のことが現実のビジネスの世界でもたくさん起こっています。しかし、データ分析をしたからこそ、明快に答えが出る**のです。

やや余談ですが、この例は、設定や数値は変えているものの、ある会社で実際に起こったことをベースにしています。そして、この会社の経営者にテレビCMをやめた理由を聞くと、次ページ図表34のような同社のテレビCM認知度のグラフを見せられました。

図表34　当該企業のテレビCM認知度

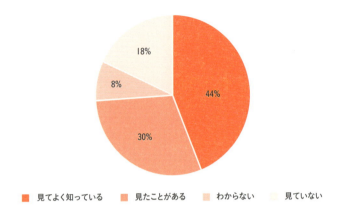

■ 見てよく知っている　■ 見たことがある　■ わからない　■ 見ていない

「広告を見ている人は多く、すでに認知度は十分あると考えられます。ですので、他のことに予算を使っていきましょう」とマーケティング担当者に言われたとのことです。

　認知度が高いからといって、お客様が来店するとは限りません。もちろん、ある程度の相関は出ますが、特に新規顧客に対しては、常に店舗に呼び込むための施策が必要です。
　現に、テレビCMを打っていたときには、「新規会員カード発行で5％OFF」というキャッチコピーをつけて流していたため、テレビCMを見た視聴者が来店していたのです。

# データ分析の ゴールは戦略と 打ち手の構築 4

## ❌ 戦略をデータ分析から導き出す

　大きい傾向からデータ分析を行い、仮説を立てて少しずつ課題を明確にしていき、目的を達成させるための根本要因が把握できたら、あとはその原因を解決するための戦略や打ち手を構築していきます。

　もしかしたら、本書をお読みいただく前は、数値データを分析し、「売上減少の要因は○○だということがわかりました」という考察を出すところまでがデータ分析だと思っていた人が多かったのではないでしょうか。

　しかし、ここまでお読みいただいたみなさんは、企業の業績に結びつく戦略や打ち手をデータ分析で導き出したいと思い始めたはずです。

　**業績を上げるための戦略を構築する、あるいは何かしらの問題を解決する施策を構築するまでがデータ分析の役割である**と、私は考えています。

　先の例でいえば、データ分析をした結果、新規顧客が減少していることが原因で売上減少を招いていました。新規顧客が来なくなった理由（売上減少の根本原因）は、新規会員獲得のためのテレビCMをしなくなったことによると考えられます。

したがって、データ分析から考えられる今後の戦略、および打ち手としては、次のようなものが考えられます。

- ●戦略………新規顧客の来店数を増加させる
- ●打ち手……新規顧客獲得に向けた広告宣伝

もちろん以前と同様のテレビCMでもよいのですが、近隣エリアへのチラシやポスティング、フリーペーパーへの広告出稿など、予算に合わせて変えてみるのもよいと思います。

データ分析をもとに構築した戦略に関しては、一貫して進めていくべきです。ただ、具体的な打ち手に関しては、やってみないとわからない部分も多々出てきます。

先ほどの会社の場合、テレビCMは以前に実施していたことがあるので、大体の見通し（どの程度のコストをかければどの程度の売上が見込めるか）は立ちますが、実施したことのない施策に関しては、予算の範囲内でいろいろと試行錯誤してみて最も効果的な方法を見つけていくことが必要です。

## ÷ ビジネスとは極めてシンプルなもの

先ほどの例でお話ししたデータ分析は、ものすごくシンプルな結果となりました。あくまで例だから、と思われるかもしれませんが、実際、ビジネスとは極めてシンプルにできています。

なぜなら、ビジネスとは一言で説明すると「お客様に告知して、集客し、売る」という、極めて単純なことだからです。

実際、みなさんがお客様の立場だったら、「何かを見て知り、

来店し、いいと思って買う」といった、極めてシンプルな行動パターンになっているのではないでしょうか。

　だからこそ、お客様の立場になって、いかにシンプルにわかりやすく伝えるかがとても重要になるのです。
　その鍵は数値データに眠っており、データ分析を適切に行うことができれば、今回の例で挙げたようなシンプルな答えが得られます。少なくとも、私が手がけてきた何百というデータ分析においては、そのような結果でした。
　したがって、もしデータ分析をして、その結果が、

　「○○については□□して、○△については××して、△△については◇◇して、……」

というような複雑な打ち手をするというものであったとしたら、データ分析を見直す必要があるかもしれません。

## ● 打ち手を構築したら、あとは実行するのみ

　せっかくデータ分析をして戦略や打ち手を構築したのに、結局は実行せずに終わってしまうケースが多々あります。それでは本末転倒です。
　データ分析は、**定量的に証明されている、という強い説得性を持つので、意思決定をする際にとても役立ちます。**
　データ分析によって自ら導き出した打ち手は、自信を持って実行に移してください。

# Chapter 5

# 目的に沿った
# データ分析の方法

# 事例を通じてデータ分析を身につけよう 1

## ➕ 企業の目的は「利益の創出」

　このChapter 5では、実際に私がコンサルティングした事例をもとに作成した数値データを用いて解説していきます。

　商品名などは伏せているほか、実態から大きく外れない範囲でデータを加工していますが、実際に近いケースを扱うことで、本書をお読みのみなさんが現実感を持ちやすく、現場のニーズを当てはめやすいものとなるよう構成しました。

　これから説明していくデータ分析は、エクセルを使って行っています。エクセルの「関数」や「ピボットテーブル」などの機能を使えば、誰でも簡単に分析結果を得ることができます。

　もし使い方がわからない場合は、このChapter 5を読まれる前に、先にChapter 6を読んでください。

　さて、この章で取り上げる10の事例について、簡単に説明しておきましょう。

　東京商工リサーチの調査によれば、図表35のように、2017年の企業倒産原因の69.2％が「販売不振」とのことです。

　**つまり、コストに比べて売上が上がらないことにより、利益が創出できず、キャッシュが回らずに倒産するという状況が、実に倒産企業の7割に起こっている**のです。

図表35　企業倒産の原因

(単位：%)

| | 販売不振 | 既往の しわ寄せ | 他社倒産の 余波 | 放漫経営 | 過小資本 | その他 |
|---|---|---|---|---|---|---|
| 2007年 | 64.9 | 10.9 | 7.1 | 6.6 | 6.7 | 3.8 |
| 2008年 | 65.2 | 10.3 | 7.7 | 6.3 | 7.3 | 3.2 |
| 2009年 | 69.4 | 9.6 | 6.5 | 5.3 | 6.5 | 2.8 |
| 2010年 | 74.8 | 7.8 | 5.8 | 3.9 | 5.0 | 2.7 |
| 2011年 | 73.5 | 8.5 | 5.6 | 4.1 | 5.2 | 3.1 |
| 2012年 | 70.7 | 10.9 | 5.9 | 4.7 | 4.6 | 3.2 |
| 2013年 | 68.8 | 12.6 | 5.6 | 4.7 | 4.8 | 3.4 |
| 2014年 | 68.9 | 12.1 | 5.7 | 5.0 | 4.5 | 3.8 |
| 2015年 | 67.6 | 12.9 | 6.3 | 4.3 | 4.5 | 4.4 |
| 2016年 | 68.2 | 12.8 | 4.7 | 5.0 | 5.3 | 4.0 |
| 2017年 | 69.2 | 12.4 | 5.3 | 5.0 | 4.6 | 3.4 |

資料：東京商工リサーチ「全国企業倒産白書」
※1 負債金額1,000万円以上の企業についてのみである
※2 小数点第2位以下で四捨五入の関係上、合計は必ずしも100にならない

　このような理由から、Chapter 5では、まず「収益管理」「売上増加」「コスト削減」の事例をそれぞれ解説することにしました。

　また、ほとんどの企業は在庫を持っており、この在庫がキャッシュフローを圧迫しているケースが多く起こっています。「在庫管理」も企業における大きな経営課題のひとつといえるでしょう。

　そして、市場全体が縮小傾向の中、新しい事業にチャレンジしていくことも重要です。そこで「新規事業開発」をデータ分析事例として加えました。

　最後に、今ではどんな業種・業態の企業でさえも欠くことのできなくなった「ウェブサイトの改善」についても、データ分析事例としてまとめています。

## 🟠 データ分析者の心得

右ページに掲げた図表36は、これから説明していく各種の問題に対して、データ分析事例により導き出された課題と解決施策の一覧です。いずれも、多くの企業でよく見られる課題かと思います。

解決施策はすべてデータ分析により裏打ちされた数字から導き出されます。そうすることで、**思いつきの施策では手に入らない、「成果もついてくる施策」**となるのです。

繰り返しになりますが、分析者は問題点について正確に把握し、分析の必要性について認識を持っておく必要があります。

データの意味や、その背景にある状況などを理解し、仮説とデータ分析の間を行き来し、試行錯誤をしながら仮説を修正することなくして、有益な結果を得ることはできません。そして、問題についての理解が深ければ、分析結果に対して現実的にあり得る数値なのかどうかを見極められるようになるのです。

## ❌ 仮説は修正していけばいい

「分析結果が出たときに、どのようなアクションを起こすか」を、仮説の段階であらかじめ想定しておく必要もあります。

もし分析結果が仮説通りであれば、アクションを大きく変更する必要はありません。しかし、予想外の結果が出た場合は、それに対してどのようなアクションを取るべきかの判断が非常に重要になります。

データの取得方法やデータ整理の仕方が間違っていたのかもしれませんし、分析方法が間違っていたのかもしれません。

図表36 Chapter 5で扱う10のデータ分析事例

| 事例 | データ分析により導き出された課題と解決施策 |
| --- | --- |
| ❶アパレルA社 | 収益性の悪い店舗の要因の見極め |
| ❷カフェB店 | 売上減少要因を見極め、売上増加施策の構築 |
| ❸居酒屋C店 | さらなる売上増加に向けた打ち手の構築 |
| ❹食品関連D社 | 次年度のEC事業部の数値計画の策定 |
| ❺化粧品メーカーE社 | コストを抑えた上で売上増加に向けた施策の構築 |
| ❻アパレル販売企業F社 | 在庫が収益を圧迫している要因の見極め・在庫適正化 |
| ❼手芸品取り扱いG社 | 適正在庫に向けた在庫管理表の作成 |
| ❽化粧品メーカーH社 | ターゲット顧客が望む商品開発 |
| ❾エステサロンI社 | 30代〜40代女性におけるリピート顧客の創出 |
| ❿小売J社のECサイト | ECサイトの改善点の抽出 |

　データも方法も間違っていないとすれば、そもそもの仮説が間違っていたということになり、そこでは方向転換を余儀なくされることもあります。

　想定外の結果が出たときこそ、柔軟に頭を働かせて、さまざまな可能性を考えることができるかどうかが重要です。

# 正しく収益管理をする 2

## ÷ まず現状の収益構造を把握する

　売上が上がっているのに利益が思うように上がっていかない、という相談を経営者や事業責任者からよく受けます。

　企業の利益は、「**利益 = 売上 − コスト**」で表されます。

　売上を上げていくためには、商品の製造コスト・仕入コスト・物流費・人件費・広告宣伝費などのコストが発生します。しかし、売上に対してコストの割合が高くなると、いくら売上を上げていっても、最終的に残る利益は少なくなります。

　私自身、会社を経営しているので、売上を上げることには、時間もパワーも必要だということを実感しています。一方で、コストを最適化して収益性を高めることは、売上を上げることと比較すると、実はそれほど難しくありません。

　コストを最適化するには、正しく収益管理をする必要があります。そして、そのためには、現状の「見える化」が必要です。

　現在の収益構造がどうなっているのか、どのように推移しているのか、悪化しているのであれば何が原因なのか、といったことを改善施策まで落とし込んで管理することが必要です。

　見える化ができるようになるには、それなりの努力が必要です。ただ、いったん仕組みができてしまえば、そのあとは打ち

手を見つけられるようになり、打ち手を実施した分だけコストが下がり、収益性が高まっていくケースが多いといえます。

そのためにも「現状の収益構造を把握すること」が必要なのです。収益構造を把握する上で大切なのが、❶セグメント別分析、❷損益分析点分析、という2つの分析手法です。

では、実際のケーススタディに入る前に、まずこれら2つの分析手法について説明していきましょう。

## 🟠 収益管理はセグメントごとに

収益管理を行うにあたっては、「管理会計」の考え方を用います。管理会計とは、企業が任意で定めたセグメント（区分単位）において収益管理をする方法です。したがって、通常、「財務会計」の考え方では、企業全体の損益しかわからないのですが、管理会計では事業別・商品別、あるいは顧客別の視点で、個別に改善すべき部分を把握できます。

特に、複数の事業や商品を展開している場合には、事業別・商品別・顧客別に分けて見ていくことにより、改善すべきポイントを見つけることができるようになります。

**この事業・商品・顧客といった区分単位を「セグメント」と呼び、基本的にはこの3つのセグメントの損益を把握します。**

（1）事業別（店舗別）損益

事業別（あるいは店舗別）に収益構造を見ることで、事業別（店舗別）の業績を明確にします。組織としてどの部分に改善が必要なのかを検討する際に活用できます。

(2) 商品別損益

 商品や商品カテゴリごとに収益構造を見ることで、利益を出している商品とそうでない商品を見極めていきます。販売する商品の取捨選択、商品開発や販売促進など、次の打ち手につなげるための意思決定を行ったりするときに有効です。

(3) 顧客別損益

 顧客別に収益構造を見て、会社に利益を生み出している顧客と生み出していない顧客の違いを把握します。

 B to C(対顧客)の場合は顧客セグメントごとの販促施策などを検討する際に、B to B(対企業)の場合は取引条件の見直しを検討する際に活用できます。

 取引金額は大きくても、過剰なコスト構造になっていて儲かっていない場合がよくあります。取引金額の大小にかかわらず、「収益が出ているかどうか」という視点で見ることが重要なのです。

 **このようなセグメント別の損益を算出するにあたって重要なのが「コストの適正配賦(はいふ)」です。**配賦とは「割り当てる」という意味です。コストを適正に配賦できてはじめてセグメント別の詳細なコスト構造を明らかにできるのです。

 通常、企業の財務会計では、全社での損益管理となっていて、すべてのコストの総額が当て込まれていることが大半です。また、先ほどのセグメント別の損益でいえば、(1)事業別(店舗別)損益では、事業別(店舗)にコストを振り分けて管理していることが多いのに対し、(2)商品別損益や、(3)顧客別損益では、普

段からコストを振り分けて管理している企業をほとんど見たことがありません。

なぜなら、事業別や店舗別であれば、事業部（あるいは店舗）ごとに商品の販売・仕入や人件費がダイレクトに反映されますが、商品別や顧客別の場合、事業部をまたがってコストが発生しているケースが多く、これらのセグメントに対応するコストを簡単に割り当てることが難しいためです。

実際、コストを発生させている各事業部の当事者たちは「どの商品のどの顧客のために、今コストを使っているか」などを意識していることはほとんどないでしょう。

また、現実的にも特定の商品や顧客に対してコストを使っているのではなく、複数の対象に共通で発生しているケースも少なくありません。

## ➕ コストの適正な配賦方法

コストを配賦していくにあたっては、収益管理を行うセグメントごとに、共通のコストを含めたすべてのコストを配賦していくルールをつくることから始まります。

たとえば、交通費や交際費といった費目は、事業別（店舗別）や顧客別などでは配賦できますが、商品別に配賦することは難しいものです。一方で、開発費や販売委託費といったような費目は、商品別には分類できても、事業別あるいは店舗別にはきれいに分類できないでしょう。また地代家賃や水道光熱費などの費目は、どのセグメント別でも正確に分類することが困難です。

そのため、「確からしいルール」をつくり、コストを一定の割

合で割り振っていきます。この「確からしいルール」のことを「配賦基準」と言います。

配賦基準は、売上高の比率や社員数の比率、あるいは使用時間の比率や売場面積の比率などを用います。

また、使用する配賦基準は、配賦元となるコストの費目によって関連性のあるものを選択します。

たとえば、「地代家賃」であれば売場面積や各事業部が占めるオフィス面積に基づいて配賦のルールを決めたり、「管理部門の人件費」なら各事業部の人件費あるいは売上高に従って配賦をしたりします。「全商品に共通してかかる製造コスト」であれば、各商品を1つつくるのにかかる時間を用いることもあります。

コストの配賦は、セグメント別の収益管理を行うことを簡単にするための方法であり、必ずしも実態を正確に表しているわけではありません。したがって、配賦元のコスト金額が小さい場合はさほど問題はないのですが、金額が大きい場合には、配賦先の対象と関連する事業部や担当者は不公平さを感じることもあります。そのため、実際に配賦する際は、企業内で納得のいくルールづくりが必要です。

## ● 収益の圧迫要因を明確化（セグメント別損益）

図表37にセグメント別損益のイメージを示しましたが、この分析を行うことで、収益を損なっている原因を特定することができます。

どのセグメントが収益を圧迫しているのかが明確になり、コ

**図表37　セグメント別損益のイメージ**

|  | 全社合計 |
|---|---|
| 売上高 | 23,000 |
| コスト | 22,000 |
| 利益 | 1,000 |

|  | 事業部A | 事業部B | 事業部C |
|---|---|---|---|
| 売上高 | 6,000 | 7,000 | 10,000 |
| コスト | 7,000 | 8,000 | 7,000 |
| 利益 | -1,000 | -1,000 | 3,000 |

|  | 商品a | 商品b | 商品c |
|---|---|---|---|
| 売上高 | 10,000 | 6,000 | 7,000 |
| コスト | 11,000 | 5,500 | 5,500 |
| 利益 | -1,000 | 500 | 1,500 |

|  | 顧客I | 顧客II | 顧客III |
|---|---|---|---|
| 売上高 | 10,000 | 7,000 | 6,000 |
| コスト | 8,000 | 8,000 | 6,000 |
| 利益 | 2,000 | -1,000 | 0 |

スト構造まで見えてくるので、打ち手を導きやすくなります。

また、セグメント別損益を定期的に調査し、時系列で管理していくことで、打ち手の実施前後の効果測定も可能です。

## ❌ 利益が出る限界を見極める（損益分岐点分析）

ここまで、収益構造を把握するための2つの手法のうち「❶セグメント別分析」について説明しました。続いて「❷損益分岐点分析」を説明しましょう。

収益管理を行い、赤字となっている事業や店舗、あるいは商品の改善を実施するにあたっては、何をどのくらい改善すれば黒字となるのかを見極める必要があります。

そこで、売上高からコストを引き、利益が0となる点である「損益分岐点」を算出することによって、どの程度の売上を上げ

れば儲かる（黒字になる）のかが割り出せます。

図表38は損益分岐点分析のイメージです。図の売上高線とコスト線が交差する点の売上を「損益分岐点売上」と呼びます。交点においては、利益はプラスマイナス0となります。

また、売上高から変動費を差し引いた値を「限界利益」といい、変動費を売上高で割った値を「変動費率」、売上高線の傾きと変動費率の差を「限界利益率」と呼びます。

限界利益率とは、売上高が1増えたときに、利益がどの程度増えるのかを表します。

以上を踏まえ、損益分岐点売上は次の式で示されます。

損益分岐点売上 ＝ 固定費 ÷ { 1 －（ 変動費 ÷ 売上高 ）}
　　　　　　　＝ 固定費 ÷（ 1 － 変動費率 ）
　　　　　　　＝ 固定費 ÷ 限界利益率

コスト構造が大きく変わらないことが前提となりますが、損益分岐点売上がわかれば、どのくらい売上が上がれば黒字になるか、あるいは赤字になってしまうかが明確になります。

## ÷ 収益構造を明らかにすることで取るべき戦略・施策が変わる

損益分岐点分析によって明らかになるのが、自社（あるいは事業など）の収益構造です。

売上高とコストの関係性が明確になるので、取るべき戦略や施策が定まります。

図表38　損益分岐点分析のイメージ

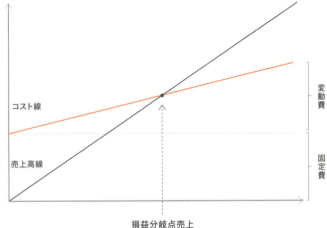

損益分岐点売上
(この点より売上が少なければ利益はマイナス、売上が多ければ利益はプラス)

　たとえば、固定費が高く変動費率が低い企業（事業）は、売上高が伸びればそれだけ多くの利益が出やすい傾向にありますが、損益分岐点売上を下回ると赤字幅も大きくなります。

　このようなハイリスク・ハイリターンタイプのビジネスモデルは、たくさんの資本をつぎ込み、拡大再生産できるのであれば強いのですが、減産には弱い性質があります。

　一方、変動費率が高く固定費が低い企業（事業）は、損益分岐点売上が一般的に低く、売上高が伸びればそれに比例して変動費も増えるので、利益が伸びにくいローリスク・ローリターンタイプのビジネスモデルです。

　もちろん理想は固定費も変動費率も低いビジネスモデルですが、なかなかそのような事業は難しいものです。

しっかりと自社の状況を見極めるためにも、損益分岐点分析をしてみましょう。そして、どのような収益構造を目指すのかという方針を明確にした上で施策を講じることが重要です。

　また、損益分岐点分析によって収益構造を明らかにすることで、収益悪化の原因が次の3つのうちのどれにあるかが明確になります。

❶売上高が足りない
❷固定費が高い
❸変動費率が高い

　❶が課題であれば、販売単価を高めたり、販売数量を増やしたりするための施策として、アップセルやクロスセル、新商品開発や販路拡大などが具体的な打ち手として考えられます。

　❷が課題なのであれば、固定費を構成している費目を分析し、どの費目が悪化要因になっているのかを明確にする必要があります。悪化要因となっている費目を削減するために、業務プロセスの見直しやコスト削減が具体的な打ち手となってくるでしょう。

　❸が課題であれば、原価率や販売手数料などの変動費率を下げることが必要となります。返品や値引きを圧縮し、仕入先への交渉や材料の見直しなど原価を下げる取り組みや、問屋などへの卸販売から直接顧客へ販売するダイレクト・マーケティングへのスイッチなどが打ち手となります。

## ● 店舗別の収益管理で店舗の課題を明らかに

収益管理に必要な分析手法、「セグメント別分析」と「損益分岐点分析」については、ご理解いただけたでしょうか?

では、ここからは収益管理について、具体的な事例を通じて説明していきます。……が、その前にもう一度、以下の「データ分析のアプローチ」を思い出してください。

この章のケーススタディでは、基本的にこの手順にしたがって問題解決を図っていきます。

### Case Study

あなたはアパレルA社の店舗管理担当で、収益性の悪い店舗の問題点を分析することになりました。年々厳しくなっていくアパレル業界の中でも比較的好調なA社ですが、十分な収益が出ない店舗も出始めています。

▼データ分析のアプローチ

❶課題の見極め(目的の明確化)

このケースでは、「収益性の悪い店舗の要因を見極める」ことが目的になります。

❷仮説の洗い出しと絞り込み

収益性が悪化しているという事実に基づき、ロジックツリーを使って仮説を洗い出します。コツは「MECE」でしたね。

図表39に示した仮説の中でも、売上に対するコストが増加していることが有力と考え、次のように仮説を立て、検証することにしました。

- ●売上減少により固定費が利益を圧迫
- ●変動費率の増加

**図表39　このケースにおける仮説**

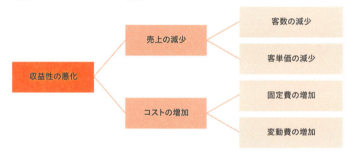

❸分析方法の定義
1. 各店舗の収益状況の確認
    → 店舗ごとの収益性の違いを整理
2. 収益性の悪い店舗の要因分析
    → 収益性の悪い店舗はどこに課題があるのか見極める

❹情報（データ）の収集
各店舗のP/L推移を使用

## ➕「収益管理」のデータ分析の実例

　それでは、実際に分析に入っていきましょう。

### (1) 各店舗の収益状況を確認する

データ分析を実施する上で、大きな傾向から把握していくことが重要でしたね。

まずは、各店舗の業績推移〈次ページ図表40〉のように、2016年度と各店舗の収益が悪化している2018年度とで、売上高や利益を比較してみましょう。

2016年度から2018年度にかけて売上金額は全店舗で減少、営業利益率に関してもほとんどの店舗で悪化していることがわかります。一方で、粗利率は改善していることがわかります。

### (2) 各店舗のP/Lを一覧にする

ほとんどの店舗において営業利益率が悪化している要因を分析しましょう。ここでのデータ分析の目的は、「店舗ごとの収益管理により収益悪化の要因を明確にする」ということになります。

各店舗の収益がどうなっているのか、店舗同士を比較したときにどこに差があるのかを把握する必要がありますので、必要なデータは各店舗のP/Lになってきます。

A社は、各店舗のP/Lも毎年度管理しているので、システムからデータを取り出して、P.125図表41のように一覧にします。

売上高から営業利益率までは、2018年度における店舗別の業績のコスト構造ですので、売上高・粗利・営業利益は図表40と同じ値が入っています。

### 図表40　各店舗の業績推移

**全店舗で売上減少**
店舗別売上高（16、18年度）

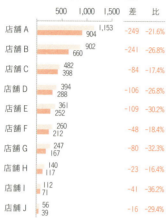

**店舗E、店舗Gを筆頭に営業利益率は多くの店舗で減少**
店舗別営業利益（16、18年度）

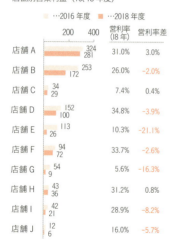

**全店舗にて粗利率改善**
店舗別粗利（16、18年度）

Chapter 5：目的に沿ったデータ分析の方法

図表41　A社の店舗別P/L（2018年度）

| | 店舗A | 店舗B | 店舗C | 店舗D | 店舗E | 店舗F | 店舗G | 店舗H | 店舗I | 店舗J |
|---|---|---|---|---|---|---|---|---|---|---|
| 売上高 | 904 | 660 | 398 | 288 | 252 | 212 | 167 | 117 | 71 | 39 |
| 原価 | 356 | 220 | 147 | 99 | 84 | 62 | 54 | 38 | 22 | 14 |
| 粗利 | 549 | 440 | 250 | 189 | 168 | 151 | 113 | 79 | 49 | 26 |
| 粗利率 | 60.7% | 66.6% | 63.0% | 65.6% | 66.7% | 71.0% | 67.4% | 67.6% | 68.5% | 65.6% |
| 人件費 | 116 | 109 | 57 | 50 | 40 | 42 | 30 | 23 | 15 | 8 |
| 賃借料 | 93 | 107 | 127 | 25 | 55 | 23 | 49 | 11 | 8 | 7 |
| 支払手数料 | 21 | 11 | 8 | 6 | 6 | 3 | 4 | 2 | 1 | 1 |
| 物流費 | 3 | 3 | 3 | 1 | 4 | 3 | 4 | 1 | 1 | 1 |
| 広告費 | 10 | 4 | 4 | | 5 | 1 | 3 | 1 | | |
| 減価償却費 | 4 | 17 | 5 | 1 | 17 | 3 | 4 | 1 | 1 | |
| その他 | 22 | 16 | 17 | 6 | 14 | 5 | 9 | 4 | 3 | 2 |
| 販費計 | 268 | 268 | 221 | 89 | 142 | 79 | 103 | 43 | 28 | 20 |
| 営業利益 | 281 | 172 | 29 | 100 | 26 | 72 | 9 | 36 | 21 | 6 |
| 営業利益率 | 31.0% | 26.0% | 7.4% | 34.8% | 10.3% | 33.7% | 5.6% | 31.2% | 28.9% | 16.0% |
| 管理部門コスト配賦 | 74 | 69 | 36 | 32 | 25 | 26 | 19 | 15 | 10 | 5 |
| 管理部門コスト配賦後利益 | 207 | 102 | -7 | 68 | 1 | 45 | -10 | 22 | 11 | 1 |
| 管理部門コスト配賦後利益率 | 22.9% | 15.5% | -1.7% | 23.8% | 0.2% | 21.3% | -5.9% | 18.4% | 15.6% | 2.5% |
| 固定費 | 309 | 319 | 243 | 114 | 152 | 99 | 112 | 54 | 35 | 23 |
| 変動費 | 389 | 239 | 162 | 106 | 100 | 68 | 65 | 41 | 25 | 15 |
| 変動費率 | 43.0% | 36.2% | 40.8% | 36.8% | 39.5% | 32.2% | 38.8% | 35.0% | 34.7% | 38.5% |
| 損益分岐点売上 | 541 | 500 | 409 | 180 | 251 | 146 | 184 | 84 | 54 | 38 |
| 売上高 − 損益分岐点売上 | 363 | 160 | -12 | 108 | 1 | 67 | -16 | 33 | 17 | 2 |

(3) 管理部門コストを配賦し、正確な利益を算出

　企業には総務部や経理部などの管理部門にもコストがかかっているので、正確な収益構造を表すためには、このコストを店舗ごとに配賦する必要があります。

　今回のケースでは、管理費の大半が人件費に関わる部分でしたので、各店舗の人件費の割合で配賦しました。

　営業利益率に差はあるものの、全店舗で黒字ですが、管理部門コストを営業利益から差し引いた、管理部門コスト配賦後利

益および利益率を見ると、店舗Cと店舗Gは赤字。また、店舗Eと店舗Jも利益率は極めて低くなっています。

(4) 損益分岐点売上を出す

図表41の管理部門コスト配賦後利益率の下に、「固定費」「変動費」「変動費比率」「損益分岐点売上」と続いています。

固定費は、売上が増減しても変動のない費目で、「人件費」「賃借料」「減価償却費」「その他」「管理部門コスト配賦」になります。また変動費は、「原価」「支払手数料」「物流費」「広告費」になります。

損益分岐点売上 ＝ 固定費 ÷ ( 1 － 変動費率 )

でしたね。店舗Aの損益分岐点売上を計算すると、

固定費＝116 + 93 + 4 + 22 + 74 ＝ 309
変動費＝356 + 21 + 3 + 10 ＝ 390
変動費率＝390÷904 ＝ 43.1％（変動費率＝変動費÷売上高）

となりますので（図表41では小数点以下の数値を四捨五入で表示しているため、表の数値と若干、誤差があります。以下同）、

損益分岐点売上 ＝ 309÷(1－43.1％) ＝ 543

となります。同じように、各店舗について計算していきます。

### (5) 収益を圧迫している原因コストを突き止める

まずは、変動費を見てみましょう。

図表42は、各店舗の「管理部門コスト配賦後利益率」と「限界利益率」を表したものです。

限界利益率とは「1−変動費率」でしたね。もし、変動費率が高ければ高いほど、管理部門コスト配賦後利益率が下がるのであれば「管理部門コスト配賦後利益率」と「限界利益率」に相関性が見られるはずです。

そんなときは、相関係数を求める関数「CORREL」を用いて分析を進めていきます（＝CORREL（配列1，配列2））。相関係数が1（あるいは−1）に近ければ近いほど、その2つの関係は相関性が高いということになり、0に近づくほど相関性が低くなります。

**図表42　店舗別の管理部門コスト配賦後利益率と限界利益率**

図表43はCORREL関数の計算を示しています。相関係数は「0.39629」となっています。よって、管理部門コスト配賦後利益率と限界利益率には相関性が低いといえるでしょう。

**図表43　CORREL関数で求められた相関係数**

| | A | B | C | D | E | F | G | H |
|---|---|---|---|---|---|---|---|---|
| 1 | | 店舗A | 店舗B | 店舗C | 店舗D | 店舗E | 店舗F | 店舗G |
| 2 | 管理部門コスト配賦後利益率 | 22.9% | 15.5% | -1.7% | 23.8% | 0.2% | 21.3% | -5.9% |
| 3 | 限界利益率 | 57.0% | 63.8% | 59.2% | 63.2% | 60.5% | 67.8% | 61.2% |
| 4 | | | | | | | | | |
| 5 | 相関係数 | 0.39629 | | | | | | |

つまり、変動費率が高ければ高いほど管理部門コスト配賦後利益率が低くなるとは十分にいえないことが判明しました。

次に固定費に進みます。

ここでも金額が大きいところから見ていきましょう。

固定費の中で、金額が大きいものは「人件費」と「賃借料」になります。「管理部門コスト配賦」も金額としては大きいのですが、今回の分析では、人件費に比例させているため除いてしまってかまいません（人件費と同様の動きをします）。

図表44の店舗別の人件費比率と賃借料比率を見たところ、「管理部門コスト配賦後利益率」と「賃借料比率」が反比例の関係にありそう（賃借料比率が上がれば上がるほど、管理部門コスト配賦後利益率は減少する）ということがわかります。図表45のように、相関係数を調べたところ、管理部門コスト配賦後利益率と賃借料比率の相関係数は「－0.93367」と、高い相関が見られました。

Chapter 5：目的に沿ったデータ分析の方法

**図表44　店舗別の人件費比率と賃借料比率**

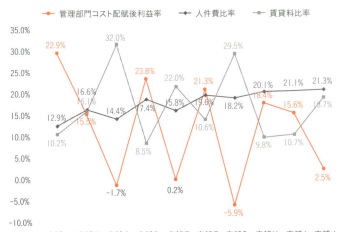

**図表45　CORREL関数で求められた相関係数（人件費比率・賃借料比率）**

|  | A | B | C | D | E | F | G | H |
|---|---|---|---|---|---|---|---|---|
| 7 |  | 店舗A | 店舗B | 店舗C | 店舗D | 店舗E | 店舗F | 店舗G |
| 8 | 管理部門コスト配賦後利益率 | 22.9% | 15.5% | -1.7% | 23.8% | 0.2% | 21.3% | -5.9% |
| 9 | 人件費比率 | 12.9% | 16.6% | 14.4% | 17.4% | 15.8% | 19.6% | 18.2% |
| 10 | 賃借料比率 | 10.2% | 16.1% | 32.0% | 8.5% | 22.0% | 10.6% | 29.5% |
| 11 |  |  |  |  |  |  |  |  |
| 12 | 相関係数(人件費比率) | 0.030076 |  |  |  |  |  |  |
| 13 | 相関係数(賃借料比率) | -0.93367 |  |  |  |  |  |  |

　一方、「管理部門コスト配賦後利益率」と「人件費比率」の相関係数は「0.030076」と、相関性はほとんどないといえます。管理部門コストも人件費に比例させているため、管理部門コスト配賦後利益との相関性はありません。

したがって、収益を圧迫している要因は「賃借料比率」と特定することができました。

(6) 打ち手を考える

ではなぜ、賃借料比率が店舗ごとに異なり、それが収益性を圧迫しているのでしょうか。

賃借料は、売上の大小にかかわらず一定の金額がかかる固定費のひとつです。売上高が上がるほど賃借料比率は下がりますし、十分な売上が確保できなければ、賃借料比率は上がります。

したがって、打ち手としては、「いかに売上を上げる解決策をとっていくか」ということになります。もちろん、賃借料自体の値下げ交渉も可能であればすべきでしょう。

このように、収益構造を明確にすることで、どこにテコ入れをすればよいのかが明確になります。


今回のケースの場合、店舗別の営業利益は全店舗で黒字でした。しかし、管理部門コストを配賦することで、赤字店舗の存在が明確になり、本来の店舗別の収益管理となりました。

そして「売上増加」こそが収益性を改善する方法だということが導き出されました。

企業（あるいは事業）は、キャッシュを生んでこそ価値があります。そのためには、**事業別や店舗別、あるいは商品別や顧客別にキャッシュを生み出せているかを把握して、収益管理をセグメント別に実施することがとても大切**なのです。

## お客様の声を聞くことで売上増加は可能 3

### ● 売上をつくっているのは何か?

　一般的に「売上は商品・サービスがつくっている」と思われがちです。もちろん商品やサービスがあるからこそ売上が立ちます。よい商品をつくればそれだけ売上が上がりますし、悪い商品をつくったら売上は上がりません。

　しかし、よい商品が売れるのではなく、売れる商品がよい商品であることを忘れてはいけません。そして、売れる商品とは、より多くのお客様に買っていただける商品です。

　つまり、お客様が買ってくれるからこそ、使ってくれるからこそ売上が上がります。「売上は商品・サービスがつくっている」のではなく「売上はお客様がつくっている」のです。

「なぜその商品が購入されたか」、あるいは「なぜその商品は購入されなかったか」という理由は、お客様の声に耳を傾けることで、把握することができます。もし、「忙しい」などの理由で直接お客様に聞くことができなくても、**日々の売上データはお客様からの評価の集計ですから、データ分析でお客様の声を聞くことが可能になります。**

　売上増加を目的としたデータ分析は、先ほどの収益管理と同様、セグメント別に行う方法を使用します。

使用するセグメントは、データ分析の目的によって、適切に選択していくことが重要です。

　商品ごとに売上にバラつきがあるのであれば「商品軸」で、店舗ごとに売上にバラつきがあり、そこに課題があるのであれば「店舗軸」で、そして顧客ごとに売上にバラつきがあるのであれば「顧客軸」で分析していきます。

　それでは、❶商品軸、❷店舗軸、❸顧客軸、という3つの事例をもとに解説していきます。

## ❶商品軸……商品強化による売上拡大

> **Case Study**
> あなたは、駅前立地にあるカフェB店の店長です。半年ほど前から某カフェチェーンのZ店が出店し、売上高が減少傾向にあります。データ分析により、何がZ店に劣っているのかを明確にし、その部分に対して打ち手を構築することで、売上減少を食い止め、再度売上増加へと改善していくことが狙いです。

▼データ分析のアプローチ

❶課題の見極め（目的の明確化）

　このケースにおける目的は「売上減少要因を見極め、売上増加施策を構築する」ことです。

❷仮説の洗い出しと絞り込み

　競合Z店の出現により売上が減少したという事実に基づき、ロジックツリーを使って仮説を洗い出します〈図表46〉。

**図表 46　このケースにおける仮説**

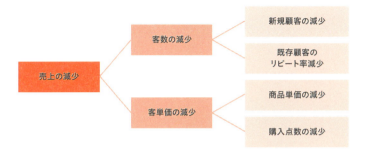

　売上高は、「**売上高 ＝ 客数 × 客単価**」で表されます。「何人のお客様がいくら買ったのか」というように、客数と客単価に分解して考えていきます。

　今回は、「競合店に商品力で負けているため、既存顧客を取られたことによって売上が減少している」という仮説が有力であろうと当たりをつけました。

❸分析方法の定義
　1. 売上減少要因の見極め
　　→ 客数および客単価のどの部分で売上が減少しているかを明確にする
　2. 競合店舗との競争力の比較
　　→ 競合店舗と比較した際の商品力の優劣を明確にする

❹情報（データ）の収集
　自店舗の売上推移（客数・客単価）
　自店舗と競合店の客数および展開商品

## ÷ 商品軸での「売上増加」のデータ分析の実例

それでは、実際にデータ分析を進めていきましょう。

(1) 現状確認

まずは、大きいところから捉えていきます。実際にどのように売上が減少していっているのかを見てみましょう。

今回は「競合店舗が出店してきたことにより売上が減少している」という問題が発生しています。したがって、まずは実際にいつから売上が減少してきているのか確認してみましょう。

その際に、図表47のように、月ごとに前年対比を表すグラフを作成すると、売上高が前年と比較してどのように変動しているかがわかります。

1月までは前年対比が100%を超えているのに対し、2月から減少傾向へと転じていることがわかります。

(2) 売上の減少要因を深掘り

売上高を客数と客単価に分解して、前年対比を見てみます。

図表48の客数と客単価の推移を見ると、客単価に関しては、前年対比を常に上回っているものの、客数に関しては、11月以降は減少しています。

その結果、売上高としては、2月には前年対比を下回る結果になっているようです。

よって、売上の減少要因は「客数の減少」であることがわかりました。

客数についてさらに掘り下げていきます。

## 図表47　B店の月別の売上高前年対比推移

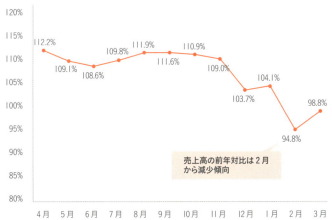

## 図表48　B店の月別の客数・客単価推移

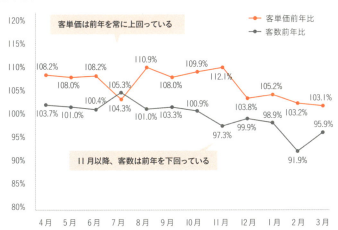

(3) 客数減少の原因を明確にするデータ分析

B店の売上減少の要因である客数減少の理由を細かく見ていきましょう。

朝の出勤前やお昼時、あるいは営業の合間や帰り道。いろんな場面で気軽に訪れることができるのがカフェです。

カフェは時間帯によってお客様の層が変わることが多い業態です。朝方は出勤前のサラリーマンが多いですが、お昼時は軽食で十分という女性客でにぎわっています。

競合店舗が出店したことにより客数が減少しているため、その中でも特にどの顧客層が減少してしまっているのか分析する必要があります。

そこで、客数の減少要因を分析するために、時間帯別の客数を調べる「実地調査」を行いました。競合店のZ店が出店して以来、客数が減少し始めていたので、自店舗と競合店舗の両方で時間帯別の客数を調べました。

その結果、図表49を見ると、日中は競合店舗であるZ店と比較して、自店舗B店は客数が取れているといえます。

一方で、早朝と夜の時間帯においては日中ほどの客数が取れていないことがわかります。

早朝の時間帯に関しては、Z店と比較すると、パンのみを注文する客数が少ないことがわかります。

また、夜の時間帯に関しては、Z店と比較すると、18時台から19時台の客数が極端に減っています。Z店は20時台にも客数がとれています。B店が20時に閉店してしまっているのもひとつの課題といえそうです。

## Chapter 5：目的に沿ったデータ分析の方法

図表49　B店とZ店の時間帯別の客数

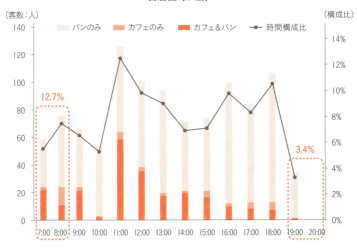

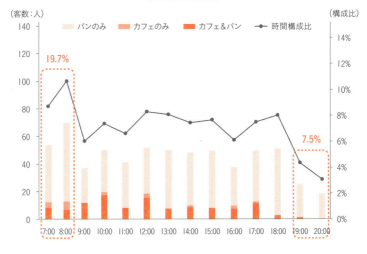

このように、**競合店舗と比較し、時間帯別に客数をカウントすることで、客数減少の原因がより詳細にわかり、適切な解決策を導き出すことができます。**

(4) 客数増加に向けた施策の構築

日中の時間帯は問題なく客数が取れているということから、早朝や夜の時間帯に客数が減少する原因は、立地条件や接客などによるものではないということが想定されます。

一方、早朝にはパンのみを購入する客数が少ないため「商品の品揃え」に課題があるのではという仮説が立ちます。

次に、図表50のように、早朝と夜の時間帯におけるB店とZ店の品揃えの比較をしました。

パンの品揃えについてZ店と比較すると、B店は早朝では半分未満、夜でも3分の2程度の種類しか揃っていないことがわかります。

特に早朝においては、パンのみ注文している客数が特に少ないため「パンの品揃えを強化する」ことで、客数の増加が図れるのではないかという仮説が導き出されます。

(5) 仮説は実行して効果検証する

データ分析により、次の事実が把握できました。

- ●売上減少の要因は客数の減少
- ●客数減少は、早朝と夜の時間帯で起こっている
- ●夜の時間帯においては、20時台の営業をしていない
- ●特に早朝の時間帯においては、パンの品揃えが少ない

図表 50　B 店と Z 店の品揃えの比較

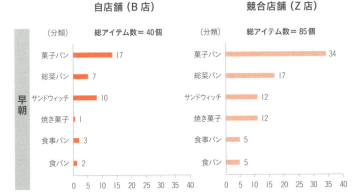

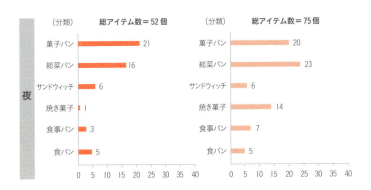

(6) 打ち手の実施

　今回のケースで導き出された、「早朝の時間帯におけるパンの品揃え強化により、客数増加が図れる」という仮説を検証していきます。実際に、早朝のパンの品揃えを増やし、店内外においてパンを訴求するPOPも出しました。

　そしてその結果、早朝の7時台～9時台の客数を50人近く増やすことができました〈図表51〉。データ分析から導き出された仮説は正しかったということになります。

**図表51　品揃え強化の検証❶**

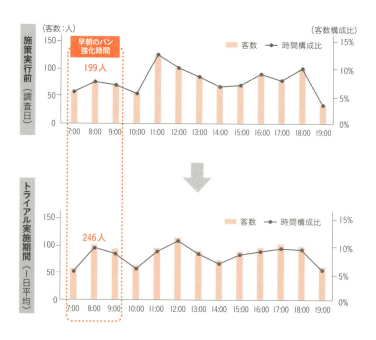

Chapter 5：目的に沿ったデータ分析の方法

　なお、同様に夜の時間帯（18時台～19時台）においてもパンの品揃え強化を行ったところ、図表52に示したように、早朝と同様、施策の実施前と比較すると30人近くも客数を増やすことができました。

　これだけの施策で客数が増えるのであれば、データ分析をやらない手はないですよね。

図表52　品揃え強化の検証❷

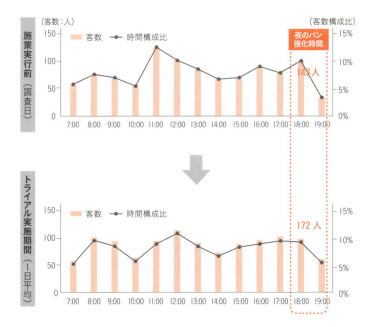

## ❷店舗軸……市場拡大売上増加の方法

### Case Study

　東京から埼玉に延びる東武東上線沿線に展開する居酒屋で、板橋区内にある「C店」では、クーポン券や曜日ごとのサービスなど、思いつく限りの施策を行っていますが、前年の売上はクリアしているものの伸び悩んでいる現状です。あなたはオーナーから、より収益性を高めていく新しい施策の提案を求められました。お客様のリピート率が高いC店の店長として「売上増加の新たな施策を展開すること」が目的です。

▼データ分析のアプローチ

❶課題の見極め（目的の明確化）

　このケースの目的は「さらなる売上増加に向けた打ち手を構築する」ことです。

❷仮説の洗い出しと絞り込み

　実施すべき施策は十分に行い、競合店舗の出店もない状態で売上が頭打ちになっている現状から、ロジックツリーは客数と客単価に分けて考えていきました〈図表53〉。

　今回のケースでは、現状でさまざまな施策を打ち、リピート率も高いということもあり、新規客が増えないこと、とりわけ市場自体が飽和しているという仮説が有力と判断されました。

❸分析方法の定義

　市場環境を含めた売上増加の可能性分析
　　→ 現状の売上状況について、市場環境を含めて今後の売上増加の可能性を分析する

図表53 このケースにおける仮説

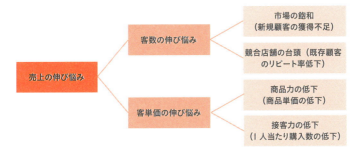

❹情報（データ）の収集
自店舗の売上推移（客数・客単価）
展開エリアの市場規模

# 店舗軸での「売上増加」のデータ分析の実例

それでは、データ分析を進めていきましょう。

(1) 市場環境を調べる

リピート率が高く、かつ店舗内でさまざまな施策を実施しても売上が伸び悩んでいる場合、そもそも市場環境が悪くなっている可能性があります。

C店のあるエリアは住宅地であり、駅前には昔ながらの商店街があります。その商店街の中に、C店はあります。競合店は近年は増えていません。以前からある競合店舗が苦戦している中、C店だけは売上を上げています。

したがって、「競合店舗にお客様を取られている」という可能性は低そうです。

それでは、エリア内におけるそもそもの居酒屋の市場規模はどうでしょうか。

図表54はC店のあるエリアの市場規模と売上推移です。「エリア内人口」とは、このC店に来店可能性のあるエリアの人口になります。エリア内の人口は年々増加しているものの、居酒屋市場全体が減少傾向にあるため、エリア内における居酒屋市場も減少傾向にあります。

一方、C店においては、直近4年の中では2014年をピークに売上高が減少していますが、2017年には増加に転じています。

また、エリア内におけるC店のシェアはおおよそ30％を超えています。シェアは年により多少の変動はありますが、「競合店

**図表54　C店のあるエリアの市場規模と売上推移**

|  | 2014年 | 2015年 | 2016年 | 2017年 |
|---|---|---|---|---|
| 居酒屋市場（ビアホール含む、億円） | 10,380 | 10,652 | 10,237 | 10,094 |
| 日本総人口（千人） | 128,226 | 128,066 | 127,907 | 127,707 |
| エリア内人口（人） | 18,445 | 18,721 | 18,760 | 18,972 |
| エリア内居酒屋市場（千円） | 149,000 | 156,000 | 150,000 | 150,000 |
| C店売上高（千円） | 55,355 | 45,839 | 44,721 | 48,219 |
| シェア | 37.1% | 29.4% | 29.8% | 32.2% |

※ 外食産業総合調査研究センター、総務省統計局、板橋区役所、C店売上データより分析

舗に大きくお客様が流れている」ということはないことがわかります。

30%というシェアは、P.064で触れたランチェスターのシェア理論における「寡占シェア」になり、その地域では競合する店舗がないレベルでシェアを取っていることになります。

したがって、このC店は、同エリア内においては十分に売上を上げている店舗といえます。

(2) ターゲットを広げることで売上増加を図る
さて、あなたは考えます。
「店舗内での施策で現状では十分よくやっている。これ以上、売上を上げるのは難しいんだろうか……」
そんなとき、C店のあるスタッフが言いました。
「うちの店は居酒屋なので、サラリーマンや地元のグループ、家族などが多いですよね。でも、商店街を歩いてる人の中には、一人でいる男性や主婦、学生もいますけど、そういった人たちはあまり来店しないんですよね」

もし、十分なシェアが取れている中で、さらなる売上拡大を目指す場合、「戦う市場」自体を追加し、今まで獲得できていなかったターゲットを獲得することが必要になってきます。

ところで、スターバックスやドトールなど、今では当たり前のカフェ業態ですが、以前は「コーヒーを飲む場所」といえば、飲食店としての喫茶店だけでした。

飲食店の場合、席数が決まっているため、物理的に一度に対応できる客数は決まってしまいます。一方、カフェ業態が一気に喫茶店からシェアを奪っていった何よりも重要なポイントとなったのが「テイクアウト」です。

　テイクアウトを設けることで、席数の制約なしに売上を獲得しつつ、店内でお客様がコーヒー1杯でゆっくりできるのです。そこで、C店でも「テイクアウト」を店頭で実施することにしました。

　結果としては、なんと1カ月で40万円ほどを売り上げました。これは従来の月の売上高の10％程度に達するような金額だったのです。

　また、購入されたお客様は、一人で商店街を歩いている男性や主婦であり、今後の来店が期待できそうです（なんとその後も施策を継続し、1年後には月商100万円近くとなる、C店にとってなくてはならない事業にまで成長しています）。

　その他にも、さまざまな成果がありました。

- 意外と客単価が高い（平均1,000円前後）
- 土日は16時〜17時、平日は17時〜19時に需要がある
  → 店内の客数が少ない時間での販売のため、追加の人件費がかからない
- 店頭から店内への誘導（後日）をしやすい
- 店前の16時からの人の動きが見やすい

市場規模を算出して、自社（自店舗）のシェアを分析してからになりますが、今回のケースのように十分なシェアを取っている場合、既存の事業だけでは売上増加が困難な場合があります。その場合、新たなターゲットを獲得する新事業展開も視野に入れることが必要になるのです。

## ❸顧客軸……顧客別の売上傾向から予算を組み立てる

### Case Study

あなたは、食品関連商品を扱っているD社のEC（電子商取引＝Electronic Commerce）サイト責任者です。3年前からECサイトを立ち上げ、順調に売上を伸ばしてきましたが、最近、売上の増加率が鈍化してきています。

経営層からは、「新規の顧客を増やすことで、利益（粗利）を今年度の120％に設定して予算を組め」と言われており、来月の予算会議に向けてEC事業部の来年度の計画を立てることになりました。

▼データ分析のアプローチ

❶課題の見極め（目的の明確化）

このケースは、「来年度のEC事業部の数値計画の策定」が目的です。

❷仮説の洗い出しと絞り込み

通常では、売上増加のための施策を客数と客単価に分けて考えていくのですが、今回は新規顧客を増やすことで利益を上げるのが命題ですので、「新規顧客数の増加」を中心に仮説を洗い

出しました〈図表55〉。

特に顧客属性別の購入傾向を見極めることで、売上増加に向けた計画を立てられないかと仮説を立てました。

図表55　このケースにおける仮説

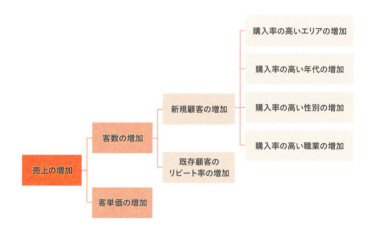

❸分析方法の定義
1. 顧客別の売上状況
    → 顧客属性別に商品の購入傾向を分析することで、買い方を明確にする
2. 予算計画の策定
    → 顧客別の買い方をもとに、予算を組み立てる

❹情報（データ）の収集
顧客別の商品購入状況

## ✕ 顧客軸での「売上増加」のデータ分析の実例

それでは、実際にデータ分析を進めていきましょう。

（1）現状分析により顧客傾向を明らかにする

ECサイトの最大のメリットは、「顧客情報」が細かく取れるところにあります。楽天市場やYahoo!ショッピングといったモール型店舗では顧客情報を取れませんが、**自社ウェブサイトであれば、会員登録をしてもらうことにより、詳しい購入者の情報が取れます**。

D社においても、自社ウェブサイトで顧客情報を取得していますので、顧客情報をもとにした「顧客軸」でデータ分析をし、施策の構築を試みました。

まずは、今後の売上計画を立てようと考え、D社の販売データ〈図表56〉をまとめました。D社で管理している顧客情報（属性）は「都道府県」「年齢」「性別」「職業」になります。

データ分析に基づいた計画を立てるために、顧客属性ごとの「買い方」を分析することにしました。顧客属性ごとに「買い方」

図表 56　D 社の販売データ

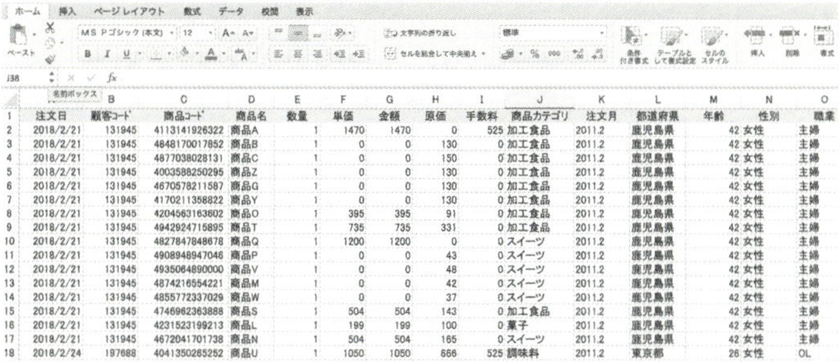

| | 注文日 | 顧客ｺｰﾄﾞ | 商品ｺｰﾄﾞ | 商品名 | 数量 | 単価 | 金額 | 原価 | 手数料 | 商品カテゴリ | 注文月 | 都道府県 | 年齢 | 性別 | 職業 |
|---|---|---|---|---|---|---|---|---|---|---|---|---|---|---|---|
| 2 | 2018/2/21 | 131945 | 4113141926322 | 商品A | 1 | 1470 | 1470 | 0 | 525 | 加工食品 | 2011.2 | 鹿児島県 | 42 | 女性 | 主婦 |
| 3 | 2018/2/21 | 131945 | 4848170017852 | 商品B | 1 | 0 | 0 | 130 | 0 | 加工食品 | 2011.2 | 鹿児島県 | 42 | 女性 | 主婦 |
| 4 | 2018/2/21 | 131945 | 4877038028131 | 商品C | 1 | 0 | 0 | 150 | 0 | 加工食品 | 2011.2 | 鹿児島県 | 42 | 女性 | 主婦 |
| 5 | 2018/2/21 | 131945 | 4003588250295 | 商品Z | 1 | 0 | 0 | 130 | 0 | 加工食品 | 2011.2 | 鹿児島県 | 42 | 女性 | 主婦 |
| 6 | 2018/2/21 | 131945 | 4670578211587 | 商品G | 1 | 0 | 0 | 130 | 0 | 加工食品 | 2011.2 | 鹿児島県 | 42 | 女性 | 主婦 |
| 7 | 2018/2/21 | 131945 | 4170211358822 | 商品Y | 1 | 0 | 0 | 130 | 0 | 加工食品 | 2011.2 | 鹿児島県 | 42 | 女性 | 主婦 |
| 8 | 2018/2/21 | 131945 | 4204563163602 | 商品O | 1 | 395 | 395 | 91 | 0 | 加工食品 | 2011.2 | 鹿児島県 | 42 | 女性 | 主婦 |
| 9 | 2018/2/21 | 131945 | 4942924715895 | 商品T | 1 | 735 | 735 | 331 | 0 | 加工食品 | 2011.2 | 鹿児島県 | 42 | 女性 | 主婦 |
| 10 | 2018/2/21 | 131945 | 4827847848678 | 商品Q | 1 | 1200 | 1200 | 0 | 0 | スイーツ | 2011.2 | 鹿児島県 | 42 | 女性 | 主婦 |
| 11 | 2018/2/21 | 131945 | 4908948947046 | 商品P | 1 | 0 | 0 | 43 | 0 | スイーツ | 2011.2 | 鹿児島県 | 42 | 女性 | 主婦 |
| 12 | 2018/2/21 | 131945 | 4935064890000 | 商品V | 1 | 0 | 0 | 48 | 0 | スイーツ | 2011.2 | 鹿児島県 | 42 | 女性 | 主婦 |
| 13 | 2018/2/21 | 131945 | 4874216554221 | 商品M | 1 | 0 | 0 | 42 | 0 | スイーツ | 2011.2 | 鹿児島県 | 42 | 女性 | 主婦 |
| 14 | 2018/2/21 | 131945 | 4855772337029 | 商品W | 1 | 0 | 0 | 37 | 0 | スイーツ | 2011.2 | 鹿児島県 | 42 | 女性 | 主婦 |
| 15 | 2018/2/21 | 131945 | 4746962363888 | 商品S | 1 | 504 | 504 | 143 | 0 | 加工食品 | 2011.2 | 鹿児島県 | 42 | 女性 | 主婦 |
| 16 | 2018/2/21 | 131945 | 4231523199213 | 商品L | 1 | 199 | 199 | 100 | 0 | 菓子 | 2011.2 | 鹿児島県 | 42 | 女性 | 主婦 |
| 17 | 2018/2/21 | 131945 | 4672041701738 | 商品N | 1 | 504 | 504 | 165 | 0 | スイーツ | 2011.2 | 鹿児島県 | 42 | 女性 | 主婦 |
| 18 | 2018/2/24 | 197688 | 4041350265252 | 商品U | 1 | 1050 | 1050 | 666 | 525 | 調味料 | 2011.2 | 東京都 | 26 | 女性 | OL |

の傾向が見られた場合には、その傾向に沿ったアプローチが可能になるからです。

　図表57は、各都道府県を7エリアにまとめ、商品カテゴリごとの構成比を出したものです。これを見ると、エリアごとでは商品カテゴリの構成比はほぼ変わらないことがわかります。

　ちなみに、表の最下部にある売上構成比は、売上高合計を100％とした際のエリア別の構成比となります（図表58〜60も同様に、表の最下部の売上構成比は売上高合計を100％とした際のセグメント別構成比となります）。

　次に、図表58は、購入者の年代別の商品カテゴリ構成を表したものです。またP.152図表59は、同様に性別での商品カテゴリ構成を表したものになります。

　どちらも購買層の偏りや特徴は見られません。

　続いて、職業別の商品構成〈P.152図表60〉を見てみると、職業別に購買者の偏りが大きく異なることがわかります。

　職業ごとにライフスタイルは大きく違ってきますので、そのライフスタイルによって買い方が変わってくるようです。

(2) 職業別の粗利率を分析する

　いくら売上を上げても、儲からなければ意味がありません。予算計画を立てるときには、売上高だけでなく利益（粗利）ベースでの計画が求められます。

　まずは商品カテゴリごとの粗利率〈P.153図表61〉を求めました。また、図表56の販売データをもとに、商品カテゴリ別の粗利益率を職業別の商品カテゴリ売上高に掛け合わせることで、職業別の粗利益率を算出します〈P.153図表62〉。

Chapter 5：目的に沿ったデータ分析の方法

図表57　エリア別の商品構成

| 商品カテゴリ | 売上高合計 | エリア別 | | | | | | |
|---|---|---|---|---|---|---|---|---|
| | | 北海道 | 東北 | 関東 | 中部 | 近畿 | 中国・四国 | 九州・沖縄 |
| 加工食品 | 10,393 | 19% | 18% | 18% | 18% | 20% | 19% | 17% |
| 穀物 | 10,288 | 17% | 17% | 17% | 17% | 16% | 15% | 15% |
| 調味料 | 10,161 | 16% | 16% | 17% | 16% | 16% | 16% | 16% |
| 飲料 | 8,605 | 11% | 10% | 12% | 11% | 12% | 12% | 14% |
| スイーツ | 5,944 | 7% | 9% | 9% | 9% | 9% | 9% | 9% |
| ごま・ふりかけ | 5,517 | 8% | 9% | 7% | 8% | 8% | 7% | 8% |
| 麺 | 2,270 | 3% | 3% | 4% | 3% | 3% | 3% | 3% |
| 菓子 | 2,143 | 3% | 3% | 2% | 3% | 3% | 3% | 3% |
| 海藻 | 1,952 | 3% | 3% | 2% | 3% | 3% | 3% | 3% |
| 粉 | 1,916 | 3% | 2% | 4% | 3% | 3% | 3% | 3% |
| 乾物 | 1,555 | 3% | 3% | 3% | 3% | 3% | 3% | 3% |
| 調理用品 | 1,386 | 2% | 2% | 2% | 2% | 2% | 2% | 2% |
| ナッツ | 747 | 1% | 1% | 1% | 1% | 1% | 1% | 1% |
| 豆 | 726 | 1% | 1% | 1% | 1% | 1% | 1% | 1% |
| 漬物 | 576 | 2% | 2% | 0% | 1% | 1% | 1% | 1% |
| 総計 | 64,178 | 100% | 100% | 100% | 100% | 100% | 100% | 100% |
| 売上構成比 | | 4% | 4% | 45% | 16% | 21% | 2% | 8% |

図表58　年代別の商品構成

| 商品カテゴリ | 売上高合計 | 年齢別 | | | | | |
|---|---|---|---|---|---|---|---|
| | | 20歳未満 | 20代 | 30代 | 40代 | 50代 | 60代以上 |
| 加工食品 | 10,393 | 18% | 18% | 19% | 20% | 20% | 18% |
| 穀物 | 10,288 | 17% | 18% | 16% | 16% | 15% | 17% |
| 調味料 | 10,161 | 16% | 16% | 16% | 16% | 17% | 16% |
| 飲料 | 8,605 | 11% | 12% | 11% | 10% | 10% | 11% |
| スイーツ | 5,944 | 9% | 9% | 8% | 8% | 9% | 9% |
| ごま・ふりかけ | 5,517 | 8% | 8% | 8% | 9% | 8% | 8% |
| 麺 | 2,270 | 3% | 3% | 4% | 3% | 3% | 3% |
| 菓子 | 2,143 | 3% | 3% | 3% | 3% | 3% | 3% |
| 海藻 | 1,952 | 3% | 2% | 3% | 3% | 3% | 3% |
| 粉 | 1,916 | 3% | 3% | 3% | 3% | 3% | 3% |
| 乾物 | 1,555 | 3% | 3% | 3% | 3% | 3% | 3% |
| 調理用品 | 1,386 | 2% | 2% | 2% | 2% | 2% | 2% |
| ナッツ | 747 | 1% | 1% | 1% | 1% | 1% | 1% |
| 豆 | 726 | 1% | 1% | 1% | 1% | 1% | 1% |
| 漬物 | 576 | 1% | 1% | 1% | 1% | 1% | 1% |
| 総計 | 64,178 | 100% | 100% | 100% | 100% | 100% | 100% |
| 売上構成比 | | 1% | 7% | 35% | 37% | 15% | 5% |

図表59 性別の商品構成

| 商品カテゴリ | 売上高合計 | 性別 | |
|---|---|---|---|
| | | 女性 | 男性 |
| 加工食品 | 10,393 | 18% | 18% |
| 穀物 | 10,288 | 17% | 19% |
| 調味料 | 10,161 | 16% | 14% |
| 飲料 | 8,605 | 11% | 13% |
| スイーツ | 5,944 | 9% | 8% |
| ごま・ふりかけ | 5,517 | 8% | 8% |
| 麺 | 2,270 | 3% | 3% |
| 菓子 | 2,143 | 3% | 3% |
| 海藻 | 1,952 | 3% | 3% |
| 粉 | 1,916 | 3% | 3% |
| 乾物 | 1,555 | 3% | 3% |
| 調理用品 | 1,386 | 2% | 2% |
| ナッツ | 747 | 1% | 1% |
| 豆 | 726 | 1% | 1% |
| 漬物 | 576 | 1% | 1% |
| 総計 | 64,178 | 100% | 100% |
| 売上構成比 | | 94% | 6% |

図表60 職業別の商品構成

| 商品カテゴリ | 売上高合計 | 職業別 | | | | | |
|---|---|---|---|---|---|---|---|
| | | 主婦 | 会社員 | 自営業 | 学生 | フリーター | その他 |
| 加工食品 | 10,393 | 10% | 21% | 25% | 19% | 19% | 17% |
| 穀物 | 10,288 | 21% | 12% | 10% | 11% | 17% | 18% |
| 調味料 | 10,161 | 22% | 13% | 10% | 7% | 8% | 16% |
| 飲料 | 8,605 | 9% | 16% | 20% | 18% | 17% | 11% |
| スイーツ | 5,944 | 11% | 8% | 6% | 9% | 9% | 9% |
| ごま・ふりかけ | 5,517 | 11% | 7% | 3% | 8% | 8% | 8% |
| 麺 | 2,270 | 4% | 3% | 3% | 3% | 3% | 3% |
| 菓子 | 2,143 | 1% | 5% | 6% | 11% | 3% | 3% |
| 海藻 | 1,952 | 3% | 3% | 3% | 3% | 3% | 3% |
| 粉 | 1,916 | 3% | 3% | 3% | 3% | 3% | 3% |
| 乾物 | 1,555 | 1% | 3% | 2% | 2% | 2% | 2% |
| 調理用品 | 1,386 | 1% | 3% | 3% | 3% | 3% | 3% |
| ナッツ | 747 | 1% | 1% | 1% | 1% | 1% | 1% |
| 豆 | 726 | 1% | 1% | 1% | 1% | 1% | 1% |
| 漬物 | 576 | 0% | 1% | 3% | 2% | 2% | 1% |
| 総計 | 64,178 | 100% | 100% | 100% | 100% | 100% | 100% |
| 売上構成比 | | 40% | 40% | 5% | 5% | 5% | 5% |

Chapter 5：目的に沿ったデータ分析の方法

図表61　商品カテゴリ別の粗利益率

| 商品カテゴリ | 売上高合計 | 原価 | 粗利 | 粗利率 |
|---|---|---|---|---|
| 加工食品 | 10,393 | 2,983 | 7,409 | 71% |
| 穀物 | 10,288 | 4,330 | 5,958 | 58% |
| 調味料 | 10,161 | 4,766 | 5,396 | 53% |
| 飲料 | 8,605 | 4,859 | 3,746 | 44% |
| スイーツ | 5,944 | 4,039 | 1,905 | 32% |
| ごま・ふりかけ | 5,517 | 2,865 | 2,652 | 48% |
| 麺 | 2,270 | 1,143 | 1,127 | 50% |
| 菓子 | 2,143 | 1,214 | 929 | 43% |
| 海藻 | 1,952 | 968 | 984 | 50% |
| 粉 | 1,916 | 618 | 1,298 | 68% |
| 乾物 | 1,555 | 745 | 810 | 52% |
| 調理用品 | 1,386 | 632 | 754 | 54% |
| ナッツ | 747 | 302 | 445 | 60% |
| 豆 | 726 | 324 | 402 | 55% |
| 漬物 | 576 | 227 | 349 | 61% |
| 総計 | 64,178 | 30,013 | 34,165 | 53% |

図表62　職業別の粗利率

| 商品カテゴリ | 売上高合計 | 粗利率 | 職業別売上高 ||||||
|---|---|---|---|---|---|---|---|---|
| | | | 主婦 | 会社員 | 自営業 | 学生 | フリーター | その他 |
| 加工食品 | 10,393 | 71% | 2,549 | 5,302 | 789 | 606 | 609 | 538 |
| 穀物 | 10,288 | 58% | 5,405 | 3,080 | 325 | 345 | 542 | 591 |
| 調味料 | 10,161 | 53% | 5,609 | 3,243 | 325 | 215 | 254 | 515 |
| 飲料 | 8,605 | 44% | 2,432 | 4,054 | 650 | 562 | 554 | 353 |
| スイーツ | 5,944 | 32% | 2,905 | 2,009 | 198 | 277 | 277 | 277 |
| ごま・ふりかけ | 5,517 | 48% | 2,890 | 1,732 | 105 | 263 | 263 | 263 |
| 麺 | 2,270 | 50% | 1,042 | 819 | 102 | 102 | 102 | 102 |
| 菓子 | 2,143 | 43% | 132 | 1,305 | 187 | 342 | 89 | 89 |
| 海藻 | 1,952 | 50% | 801 | 767 | 96 | 96 | 96 | 96 |
| 粉 | 1,916 | 68% | 766 | 766 | 96 | 96 | 96 | 96 |
| 乾物 | 1,555 | 52% | 354 | 890 | 78 | 78 | 78 | 78 |
| 調理用品 | 1,386 | 54% | 320 | 710 | 89 | 89 | 89 | 89 |
| ナッツ | 747 | 60% | 190 | 385 | 43 | 43 | 43 | 43 |
| 豆 | 726 | 55% | 205 | 355 | 42 | 42 | 42 | 42 |
| 漬物 | 576 | 61% | 71 | 253 | 85 | 53 | 76 | 38 |
| 総計 | 64,178 | 53% | 25,671 | 25,668 | 3,210 | 3,209 | 3,210 | 3,210 |

| 粗利 | 13,431 | 13,835 | 1,754 | 1,688 | 1,725 | 1,731 |
|---|---|---|---|---|---|---|
| 粗利率 | 52.3% | 53.9% | 54.7% | 52.6% | 53.8% | 53.9% |

ここまでできれば準備万端です。

経営陣から求められている、粗利額が前年対比20％増になるように、職業別に必要な粗利および売上高を算出しましょう。

(3) 計画値の算出

ソルバーを使って、職業別の計画値を算出します（ソルバーの使い方は、Chapter 6の04を参照してください）。

計画値を策定するにあたっては、前提条件が必要となります。今回のケースでの前提条件は、次の通りです。

❶粗利を1.2倍にする
→ 今期の粗利総計が「34,165」なので、来期計画値は「40,998」となります。
❷どの職業も今期の売上高を割らない
❸メイン顧客層である主婦・会社員で売上高および粗利を稼いでいく
→ 売上全体の80％が、主婦および会社員で占められているため、主婦と会社員中心に売上増加・利益増加を目指します。一方で、自営業・学生・フリーター・その他は売上構成比も低く増加率も微増であるため、来期売上の計画値は、10％増未満とします。

以上の❶❷❸の条件を前提に、ソルバーを使って算出したのが、図表63の計画値になります。

その結果、主婦で120％、会社員で126％の売上増加が必要となることがわかります。

**図表63　算出された職業別の計画値**

| | 今期 | 来期計画 | | | | |
|---|---|---|---|---|---|---|
| | 粗利 | 粗利率 | 粗利 | 売上高 | 売上高前年対差 | 売上高前年対比 |
| 主婦 | 13,431 | 52.3% | 16,117 | 30,806 | 5,134 | 120% |
| 会社員 | 13,835 | 53.9% | 17,430 | 32,342 | 6,670 | 126% |
| 自営業 | 1,754 | 54.7% | 1,895 | 3,466 | 257 | 108% |
| 学生 | 1,688 | 52.6% | 1,823 | 3,466 | 257 | 108% |
| フリーター | 1,725 | 53.8% | 1,863 | 3,466 | 257 | 108% |
| その他 | 1,731 | 53.9% | 1,870 | 3,466 | 257 | 108% |
| 合計 | 34,165 | 53.2% | 40,998 | 77,010 | 12,832 | 120% |

あとは、どのようにして主婦および会社員の売上増加を図っていくのかということになります。

主婦の場合、穀物や調味料を購入する構成比が高いので、それらを中心に訴求するのがベターでしょう。一方、会社員は加工食品や飲料を中心に訴求することになるでしょう。

このように、販売データをもとに現状分析を行い、ソルバーを使って計画値を算出することで、データに基づいた計画を立てることができるのです。

# 4 コスト削減しつつ売上を上げる高効率経営

## ÷ コストをかけずに売上を上げるには？

　コストをかければその分だけ売上が上がったのは、もう一昔前の話です。もちろん、かけるコストと売上に相関関係はありますが、その係数は以前に比べると極めて小さくなってしまっています。

　そうはいっても、コストをかけないと売上は上がりません。

　求められているのは、**なるべく少ないコストで売上高を最大化する方法です。実は、その答えもお客様の声に耳を傾けることで見えてくることが多々あります。**

### Case Study

　あなたは、化粧品メーカーE社の営業担当者です。

　E社は卸と直販の両方で売上を立てているのですが、数年前より、直販での販売強化に比重を置いています。

　直販でも、E社はDMやカタログ、そしてウェブサイトといった自社チャネルを用いた「通販」での展開をしています。

　化粧品通販業界の競合は多く、さまざまなブランドが溢れています。コストをかけてもなかなか売上が増えない企業が多いのが今の状況です。E社も昨年から広告費を増やして売上増加を図っているのですが、なかなか思うように売上が伸びず、コスト高となっています。

　そんな中、あなたにミッションが下されました。

「売上を上げろ！　ただし、今以上のコストはかけるな」

> 今以上のコストをかけずに売上を上げることは可能なのでしょうか？

　このE社のように、もともとは卸中心でやっていたものの、顧客への直接販売に軸足を移すことは、今では当たり前になっています。それは、直接販売により利益率が上がることもそうですが、それ以上にお客様の顔が見え、何より「顧客データ」などの貴重な資産が手に入ることが大きいからです。

　E社も、「長く続く企業であるためには、自社内で顧客データを直接保有し、手厚いサービスをすることが重要だ」という経営者の考えから直接販売を始めています。

　商品やサービスを購入しているのはお客様であり、お客様のプロフィールによって「どんな買い方をしているのか」さえわかれば、同じようなプロフィール層に適切なアプローチをすることができます。

　また、新たな商品やサービスの開発をした際にも、顧客情報を持っているので、お客様に対して新商品・新サービスの告知をすることができます。

　開発前にお客様へアンケートを取って要望を吸い上げることや、トライアル販売による検証を行うこともできます。

　もともと自社のお客様であれば、そこにかかる広告コストは、新たに新規のお客様を開拓するよりもはるかに安くなります。

　すでに手元にある「お客様の情報」をデータ分析することで、「コストをかけずに売上を上げる」ことが可能なのです。

　E社のように直接お客様に商品販売する形態のことを「ダイ

レクト・マーケティング」と呼びます。DMやウェブサイトによる集客・販売が主な方法ですが、営業担当者による直接販売も含まれます（ここではDMを「直接お客様に告知するハガキや封書、メールマガジン」と定義します）。

DMにより集客・販売する際、「誰に、どんな内容を、どのくらいの頻度で」送るかがとても重要になります。

頻度が多ければいいというものでもありません。自分がお客様の立場で考えたらわかりやすいのですが、頻繁に同じようなDMが同じ企業から届いたら、気分よく思わないでしょう。むしろ悪い印象を持つはずです。したがって、自社のお客様にとって最適なやり方でDMを打つ必要があります。

その際にデータ分析をすることで、どんなお客様がどの商品をどんな頻度で購入しているのかを知ることができるのです。

## ● DMの効果測定結果を見ることも重要

**DMを打つ際の重要なポイントは、「必ず効果測定をすること」**です。DMからどの程度、実際の購入につながったのか、反応率を算出しながら分析することが大切です。

この反応率は、「CPO」と呼ばれる指標で評価します。CPOはコスト・パー・オーダー（Cost per order）の略で、1つの注文を取るためにかかった費用のことを指します。

具体的には、**「CPO ＝ 広告の総費用 ÷ 注文数」**という計算式で求めることができます。

たとえば、広告の総費用が100万円で、注文数が100件だとすると、CPOは1万円になります。このCPOが低ければ低いほ

ど、「効率のよい広告」ということになります。

DMを打つ際は、費用に対してどのくらいの売上が上がればコストが回収できるかを、頭の中に入れておく必要があります。

また、「CVR」という指標も使用します。CVRはコンバージョン率（Conversion Rate）の略で、「成約率」のことを指します。DMを発送した、あるいはウェブサイトを訪れた人数に対して、どのくらいの割合の人が実際の購入や申し込みに至ったのかを示す指標です。

CVRを指標として扱う場合は、どの数値を分母として判断するかを明確にする必要があります。通常、ウェブサイトに訪れた人数全体の中で、何人がコンバージョンに至ったのかを測定します。ECのウェブサイトの場合は「購入者の人数」で計ることが多いです。

それでは、ケーススタディに入っていきましょう。

### ▼データ分析のアプローチ

**❶課題の見極め（目的の明確化）**

このケースの目的は「コストを抑えた上で売上増加に向けた施策を構築する」ことになります。

**❷仮説の洗い出しと絞り込み**

収益性が落ちているという現状から、次ページ図表64のようなロジックツリーで仮説を洗い出しました。

図表64　このケースにおける仮説

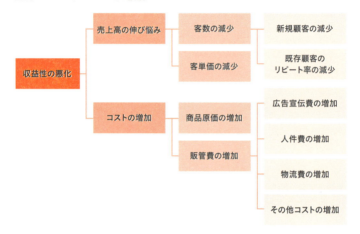

　広告宣伝費などのコストのかけ方が適切でないことが、十分に既存顧客のリピート率が上がらず、収益を圧迫しているという仮説を立てました。

❸分析方法の定義
　1. コスト効率の見極め
　　→ 投入している広告費に対する売上効果を明確にする
　2. 顧客属性別の購入状況の見極め
　　→ 顧客の買い方（頻度・累積購入額・最新購入日）別の傾向を把握する

❹情報（データ）の収集
　広告コスト別の売上状況、顧客ごとの購入状況

## ➕「コスト削減」のデータ分析の実例

それでは、実際にデータ分析を進めていきましょう。

(1) コスト効率の現状を知る

まずは、大きな傾向として現状のコスト効率を把握します。

E社のP/L推移〈図表65〉は、コストをかけて売上増加を図り始めた2018年度とその前年の2017年度の売上高、および両者の比較です。

2017年度から2018年度にかけて、広告宣伝費を増加させた分、売上高も増加していますが、増加率は5%程度と、広告費の増加分すら回収できていません。

その結果、営業利益および営業利益率を大きく減少させており、効率が悪くなっていることが一目瞭然です。

(2) 顧客の傾向を知る

では、なぜE社ではこんなにも広告宣伝費が増加したのでし

**図表65　E社のP/Lの推移**

|  | 2017年度 |  | 2018年度 |  | 前年比較 |  |
| --- | --- | --- | --- | --- | --- | --- |
|  | 金額 | 構成比 | 金額 | 構成比 | 対差 | 対比 |
| 売上高 | 70,825 |  | 74,225 |  | 3,400 | 104.8% |
| 原価 | 20,944 | 29.6% | 21,153 | 28.5% | 209 | 101.0% |
| 粗利 | 49,882 | 70.4% | 53,072 | 71.5% | 3,190 | 106.4% |
| 人件費 | 14,732 | 20.8% | 14,879 | 20.0% | 147 | 101.0% |
| 物流費 | 7,437 | 10.5% | 7,794 | 10.5% | 357 | 104.8% |
| 広告宣伝費 | 7,857 | 11.1% | 14,143 | 19.1% | 6,286 | 180.0% |
| 減価償却費 | 7,143 | 10.1% | 7,143 | 9.6% |  | 100.0% |
| その他 | 5,879 | 8.3% | 6,161 | 8.3% | 282 | 104.8% |
| 販管費計 | 43,047 | 60.8% | 50,119 | 67.5% | 7,072 | 116.4% |
| 営業利益 | 6,835 | 9.7% | 2,953 | 4.0% | -3,882 | 43.2% |

ょうか？　それは、キャンペーンのDMに力を入れ、毎月きれいなパンフレットを作成して、1万5,000人の登録会員全員にDMを送付していたためです。

　しかし、広告費をつぎ込んで直販の売上を増加させるという狙いが大きく外れ、想定した売上には程遠い結果となってしまいました。

「お客様と接する」機会であれば、実際に会っていなくても接客です。今回の場合、DMがお客様の手元に届くということは、そのDMがお客様に接客をしていることになります。

　しかし、その接客がお客様の顔を見ておらず、ニーズを捉えていないものとなってしまっていたのです。

　そこで、実際にお客様がどのような買い方をしているのか分析してみましょう。

　図表66を見ると、年間購入回数が1回というお客様が全体の半数近くを占めていることがわかります。また、年間2回は22％、年間3回は12％と、購入回数が増えるにつれて構成比は減少していて、1年間に購入した全人数は約6,500人となっています。しかし、先ほど説明したように、E社は毎月、すべての登録会員1万5,000人に対してDMを打っています。

　1年間に1回でも購入した人数が6,500人なので、約8,500人は1年以上購入していないお客様となっています。

　DMを打つことで、購入頻度の低いお客様の購入回数を底上げすることを目指したのですが、結果にはつながらなかったことがわかります。

　そもそも、**買い方の異なるお客様に対して同じDMを打って**

図表66　E社の顧客の購入回数状況

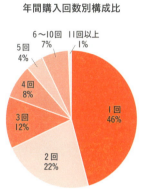

年間購入回数別構成比

| | 客数（人） | | 売上高（千円） | | 客単価（円） |
| --- | --- | --- | --- | --- | --- |
| | 人数 | 構成比 | 金額 | 構成比 | 金額 |
| 1 | 3,005 | 45.85% | 11,208 | 15.10% | 3,730 |
| 2 | 1,459 | 22.26% | 12,321 | 16.60% | 8447 |
| 3 | 802 | 12.24% | 11,653 | 15.70% | 14,529 |
| 4 | 521 | 7.95% | 10,911 | 14.70% | 20,945 |
| 5 | 286 | 4.36% | 7,571 | 10.20% | 26,492 |
| 6 | 185 | 2.82% | 5,938 | 8.00% | 32,083 |
| 7 | 120 | 1.83% | 4,750 | 6.40% | 39,654 |
| 8 | 51 | 0.77% | 2,153 | 2.90% | 42,506 |
| 9 | 42 | 0.64% | 2,078 | 2.80% | 49,393 |
| 10 | 36 | 0.56% | 2,078 | 2.80% | 56,942 |
| 11 | 14 | 0.22% | 965 | 1.30% | 67,709 |
| 12 | 10 | 0.15% | 594 | 0.80% | 62,343 |
| 13 | 12 | 0.19% | 965 | 1.30% | 70,555 |
| 14 | 2 | 0.04% | 148 | 0.20% | 61,703 |
| 15 | 3 | 0.05% | 223 | 0.30% | 65,937 |
| 16 | 1 | 0.01% | 74 | 0.10% | 80,641 |
| 17 | 2 | 0.03% | 148 | 0.20% | 90,342 |
| 18 | 3 | 0.05% | 297 | 0.40% | 90,979 |
| 19 | 2 | 0.04% | 223 | 0.30% | 96,209 |
| 合計 | 6,554 | | 74,225 | | 11,326 |

いても、十分な効果を得られません。

　毎月のように買っていただいているお客様と、年に1回しか買わないお客様、ここ1年まったく買っていないお客様とでは、その商品に対する気持ちが異なります。それぞれのお客様の気持ちに応えるように、DMを実施することが大切なのです。

　(3) よい顧客を見分ける方法（RFM分析）

　お客様の購入状況に応じた打ち手を考えるためには、RFM分析（Recency frequency monetary analysys）という「よい顧客を見分ける」方法が便利です。

　具体的には「一番最近に購入した顧客は誰か」「頻繁に購入す

る顧客は誰か」「一番お金を使ってくれている顧客は誰か」という3つの側面から分析します。

RFM分析を行うには、データベースに購買履歴が記録されていることが前提となります。購買状況を時系列で追えないような顧客管理の方法の場合、RFM分析はできません。E社のように直接お客様へ販売していて、かつ会員登録をさせている企業だけができる分析法といえます。

**RFMのRはRecency（リセンシー）で、この場合は「最新購買日」になります**。ある顧客が最後に商品を購入した日を判断材料とするもので、最近購入した顧客のほうが、何年も前に購入した顧客よりよい顧客と考えるものです。

つまり、すべての顧客の最後の購買日だけを拾い出し、新しい順番に並べ替えれば、一番上にくる顧客がよい顧客となるわけです。

購入してから時間が経過していないということは、企業や商品についての記憶がしっかりと残っていることになるので、企業が営業などのアプローチを行う場合、すでに記憶に残っていない顧客に対して行うより高い効果が期待できます。

**FはFrequency（フリークエンシー）で、「購買頻度」になります**。フリークエンシーは、顧客がどのくらい頻繁に購入してくれたかを判断材料とするもので、頻度が高いほどよい顧客と考えます。

顧客の購買履歴から過去に何回購買したかを拾い出し、その回数が多い順番に並べれば、一番上にくる顧客が最もフリーク

エンシーの高い、よい顧客となるわけです。

期間については、商品の平均的な購買頻度によって定めればいいのですが、アパレルや化粧品などは1年で見ることが多く、家電製品や車などは10年など長めのスパンで見ます。

フリークエンシーの低い顧客が多い場合は、お客様がサービスレベルや料金などに不満を抱えている可能性があります。フリークエンシーの高い顧客が多い場合は、常連顧客が多いということになります。

別の見方をすると、フリークエンシーの低い顧客が少ないということは、新規の顧客が少ないということなので、新規顧客獲得に向けた施策が必要になってきます。

**MはMonetary（マネタリー）で、「購買金額」になります。** マネタリーは、顧客の購買金額の合計で、一般的にこの金額が大きいほどよい顧客と考えることができます。

購買履歴から顧客ごとの購買金額の累計を計算し、それを金額の大きい順番に並べれば、最も上にくる顧客がマネタリーの高い顧客となるわけです。

マネタリーもフリークエンシーと同様、業種や商品を考えながら期間を定めて分析する必要があります。また、マネタリーのランクが高いということは、潜在的な購買力が高いということですから、そうした顧客が多いことは企業にとっては貴重な財産になります。そのような顧客のリセンシーやフリークエンシーが上がれば、収益に貢献することは間違いないからです。

RFMそれぞれの指標の見方は次のようになります。

❶Rが高いほど将来の企業収益に貢献してくれる可能性が高い
❷RがひくければFやMが高くても他社に顧客を奪われている可能性が高い
❸Rが同じならFが高いほど常連顧客
❹Rが同じならFやMが高いほど購買力がある顧客
❺RやFが高くてもMが少ない顧客は購買力が低い
❻FがひくくMが高い顧客は、Rの高いほうがよい顧客
❼Fが上がらないか下がっている顧客は他社に奪われている可能性が高い

このRFMの中で最も重要な指標は、R(リセンシー)になります。FやMがいくら高くても、最近の購買実績がない顧客は、すでに競合他社に奪われてしまっている可能性が高いと考えられます。

**つまり、Rの動きが各顧客の動向を把握する上で非常に重要であり、Rの傾向を掴んでおき、以前と比較して購入頻度が減ってきた段階で営業的なアプローチを行えば、他社に奪われなくて済むかもしれないのです。**

Rが下がり始めた顧客には、また購入してもらうための企画が必要となります。Fが伸びない顧客も同様です。

Mが低い顧客は、購買力が低いということなので、Fを注目する必要があります。もしFが高い場合は、定期的に購入してくれてはいるものの、潜在的に購買力が低いと考えられますので、将来的な企業収益貢献度は低いと考えられます。一方でFが低くMが高い顧客は、購買力が高い可能性があるので、購買

頻度を高める企画を実施すればいいのです。

また、極端な話ですが、RFMすべてが高い顧客においては、特別なキャンペーンなど行わなくても企業収益に貢献してくれているわけですから、値引きキャンペーンなどはかえって企業収益を減らすことになってしいます。

そのような顧客には、値引きではなく、「特別感や限定感を抱くプレゼント」を与えることで、さらに優良顧客となり、他の人を紹介してくれるようになる可能性もあります。クレジットカードのゴールド会員やプラチナ会員、あるいは航空会社のマイレージの上級会員などがよい例です。

このように、RFM分析によって数値化された顧客ごとに最適の施策を構築して実行することが理想的な営業といえます。

(4) 顧客の属性別の傾向を分析する

さて、話をE社に戻しましょう。

E社のRFM分析〈次ページ図表67〉を見てください。リセンシー(最新購入経過月)が近いほど、フリークエンシー(年間購入回数)やマネタリー(年間購入金額)の高い顧客が多くなっています。一方、リセンシーが遠いほどフリークエンシーやマネタリーも低い顧客が多くなっていることがわかります。

顧客全体の傾向を掴んだことで、購入頻度の高い顧客と低い顧客、購入していない顧客のそれぞれに対して、同じようなDMを頻繁に打ちすぎていることが、広告宣伝費に対して十分な売上が上がっていない要因であるとわかりました。

**図表67　E社のRFM分析**

　具体的な打ち手につなげるために、もう少し顧客の傾向を深掘りしていきましょう。

　E社は電話やFAX、ウェブサイトと、さまざまな通販チャネルを活用しています。電話やFAXなどで購入しているお客様に関しては、ハガキや封書でのDMが適切な方法となるでしょう。一方、ウェブサイトで購入しているようなお客様には、メールマガジンや、Facebook・LINEなどのSNSツールが効果的な販促方法となります。

　なぜなら、**人はできるだけ簡単に購入したいから**です。そのためには、使用するチャネルを変更したくありません。変更するのは面倒くさいと感じてしまうのです。

　ハガキDMを見て購入したいと思った商品があった場合、パソコンを開くのは面倒くさいと感じると思われます。その場

**図表68 チャネル別の購入顧客数**

で、電話で注文したいと思うでしょう。反対に、電子メールでメールマガジンが送られてきて「注文はこちらの電話番号におかけください」と書いてあったら「購入ウェブサイトのURLを教えてよ！」と思うはずです。

テレビショッピングもよい例です。その場で電話をかけさせますよね。よくあるテレビCMのように「続きはウェブで」ではないですが「購入はウェブで」などと案内している通販番組はありません。これも番組を見ているお客様ができるだけ買いやすいようにするためなのです。

したがって、E社においても、普段購入しているチャネルに応じた販促施策が必要と考えられます。

そこで、図表68のチャネル別の購入顧客数を見たところ、チャネルによって顧客の年代層が異なることがわかります。

PCやSP（スマートフォン）などウェブサイトでの購入は、20代後半～40代後半が中心となっています。一方、電話やFAX、ハガキといったアナログでの購入は、50代～70代が中心となっています。

　定期お届けでの購入は、その中間くらいで40代～60代が中心と、購入チャネルによって顧客層が分かれていることが判明しました。

　以上の分析結果より、次のような仮説が導き出されます。

❶1年間に1回以上購入している顧客と、1年間で1回も購入していない休眠顧客に分けて販促施策を実施することで、コスト効率が向上するのではないか。
❷ウェブサイトで購入している顧客はメールマガジンやSNSツールによる販促中心、電話やFAXなどのアナログ媒体で購入に至っている顧客にはハガキDM中心に販促施策を実施することで、購入率が上がるのではないか。

(5) 施策内容を考える

　実際に、先ほどの2つの仮説をもとに広告費を絞りました。

　具体的には、1年間に1回以上購入のある顧客にだけDMを打つこととし、頻度も「1カ月に1回」から「2カ月に1回」へと半分に減らすということを試しています。

　その結果、今まで1万5,000人に対してDMを打っていたのが、対象が6,500人程度に減り、かつ回数も半分になったため、コストが大幅に削減されたにも関わらず、売上は横ばいをキー

プしたのです。コストをかけない分、利益額は大幅増加です。

　また、既存顧客に対してコストを削った分、1年以上購入のない休眠顧客に再度自社商品を使ってもらうための掘り起こしとして、休眠顧客限定のキャンペーンDMを打ちました。
　約8,500人に対してDMを打ったところ、反応率1％を超える100人以上に再度購入してもらえました。
　このように、データ分析によって顧客の状況に見合った販促施策を行うことで、コストを削減しながら売上を増加させることができるのです。

　E社の今後の課題としては、毎年、半数以上も休眠顧客を出してしまっていることです。休眠顧客を出さないためには、リピート顧客を増やすことが重要です。
　化粧品だと特にそうですが、その場合「定期購入」をしてもらうのが最も効果的です。
　実際に、E社のチャネル別の購入状況〈次ページ図表69〉を見ると、「定期お届け」が他の購入チャネルと比較して購入金額も購入回数も倍以上となっています。

　E社の次の課題である「定期お届け」顧客の増加施策についても、みなさんでぜひ一度、考えてみてください。

図表69　E社のチャネル別の購入状況

購入チャネル別売上構成比

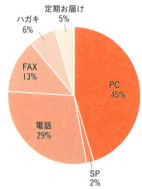

購入チャネル別の1人当たり平均売上高

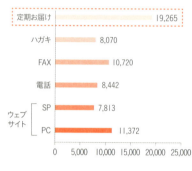

購入チャネル別客数構成比

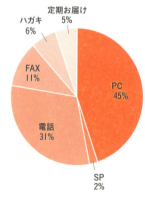

購入チャネル別の1人当たり平均年間購入回数

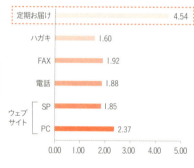

# 適切な在庫管理がキャッシュを稼ぐ近道! 5

## ● 多すぎても少なすぎても問題を生む在庫

在庫というものはとても厄介です。「在庫を抱える」ということは、「仕入が発生」し、「売上が上がらなくても費用が発生する」ので、売れなくてもお金を支払う必要があります(買い取りの場合)。もし、在庫を抱えても十分に売れなかった場合、商品が余ります。その余った商品にかかった金額は返ってきません。余ったら余った分だけ赤字が増えるのです。

一方、在庫を絞った場合は、在庫が切れてしまったために欠品となってしまう可能性があります。つまり「売り逃し」という状況です。この場合、本来は取れるはずであった売上が取れず、結果、利益も上がりません。

つまり、在庫は多すぎても少なすぎても問題が発生します。この「在庫」を適切に数量管理することが、キャッシュ(お金)を最大化するために重要なことなのです。

ケーススタディに入る前に、在庫を分析する上で必要な次の3つの指標について説明します。

　●在庫回転率
　●平均在庫高
　●在庫回転期間

## ❌ 適切な在庫を把握する

適切な在庫を把握するのに必要なデータ分析のひとつが、「在庫回転率」の分析になります。

**在庫回転率とは、一定期間（1年や半期、四半期など）に在庫が何回入れ替わったかを示す数値**です。

在庫回転率の値が大きいほど、仕入れてから販売に至るまでの期間が短く、効率よく売上につながっていることになります。反対に、在庫回転率の値が小さいほど、売れずに倉庫などに残っている期間が長く、売れ残りのリスクがあります。

ただ、この在庫回転率は、商品によって異なるため、アパレル・化粧品・飲料などといった異なる商品特性のものを一緒に比較することはできません。

在庫回転率を比較する際には、分析する商品群の特徴や売れ方などを十分に考慮する必要があります。基本的には同じ商品群の中での比較になります。

在庫回転率は、以下の式で表します。

　在庫回転率 ＝ 売上原価 ÷ 平均在庫高

たとえば、1年間を期間とした場合、売上原価は、その1年間に売れた商品の売上原価になります。そして、**平均在庫高は、その1年間のスタート時における在庫（期首在庫）と1年間の終わりのときの在庫（期末在庫）を足して2で割った金額**になります。こちらも原価です。

　平均在庫高 ＝（期首在庫 ＋ 期末在庫）÷ 2

また、同じように在庫の効率性を分析する指標に「在庫回転期間」というのもあります。

**これは、在庫を何カ月分持っているかを示す指標で、以下の通り在庫回転率の逆数となります**（1年間を期間とした場合）。

在庫回転期間（月数）＝ 在庫高 ÷（売上原価 ÷ 12）

在庫回転期間は、上の式のように月ベースで表す「在庫回転月数」のほかに、週ベースや日ベースで表すこともあります。週ベースでは52、日ベースでは365で割ることになります。どの期間をベースとして算出するのか、値を利用するときには注意してください。在庫回転期間も在庫回転率と同じく、商品によって基準値は異なります。

それでは、ケーススタディに入っていきましょう。

## ÷ 在庫が悪化している要因を掴む

### Case Study

あなたは、アパレル販売企業F社で、仕入部門の責任者をしています。F社で取り扱っている多数の商品を日々管理し、仕入先との交渉・発注・店舗への配送などを担っています。

年々厳しくなっているアパレル業界。F社もご多分に漏れず、数年前から売上・利益ともに減少傾向にあります。

いろいろと手は打っているものの、抜本的な解決には至っていないのが現状です。しかし、固定ファンがいて、人気のある商品も十分に抱えているため、商品展開としては他社に引けを取っていないと自負しています。

そこで、データ分析を行うことで、現在の売上および利益

の減少要因を明確にし、今後改善する見込みがあるのかどうかを把握していくことになりました。

### ▼データ分析のアプローチ
❶課題の見極め（目的の明確化）

このケースでは、「在庫が収益を圧迫している要因を見極め、在庫適正化を図る」ことが目的となります。

❷仮説の洗い出しと絞り込み

売上・利益のロスの原因として、在庫管理の面から図表70のように仮説を立てていきます。

有力と考えられるのは、売れ筋商品（売上規模の大きい商品）の欠品が生じていたり、売上規模の小さい商品が過剰に在庫されていることにより、総在庫と比較して十分な売上が確保できていないことから収益性を圧迫しているという仮説です。

❸分析方法の定義
 1. 商品別売上および在庫傾向の見極め
     → 商品別の売上および在庫状況を明確にすることで、現状の収益圧迫要因を明確にする
 2. 売れ筋商品と死に筋商品の状況把握
     → 在庫状況に基づき、売れている商品と売れない商品の違いを明確にする

❹情報（データ）の収集

商品別の売上および在庫状況（推移）

図表70　このケースにおける仮説

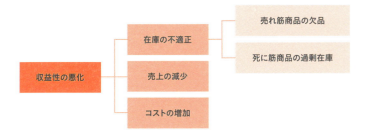

## ●「在庫管理」のデータ分析の実例

それでは、実際にデータ分析を進めていきましょう。

（1）商品カテゴリ別の傾向を把握する

まずは、大きなところから捉えていきましょう。

売上と利益の減少を招いている元凶として、「適切な在庫管理ができていないこと」が課題になっています。

在庫管理について分析する場合、管理する商品ごとの在庫を見ていきますが、**いきなり各商品で分析をしても、細かすぎて傾向が掴めませんので、まずは商品カテゴリで見ていきます。**

次ページ図表71に示した商品カテゴリ別の売上高・粗利額は、売上構成比の高い順に並べています。売上高に関しては、上位カテゴリを中心にほとんどの商品カテゴリで減少しています。

粗利額は全体としては減少傾向で、特にトップ3の商品カテゴリで減少が顕著となっています。ただ、売上高の減少ほどには大きくはありません。以上のことから、粗利率よりも売上に課題があることがわかります。

F社の状況として、アパレル業界全体の市場減少に伴い、売上が下がっても利益は残そうと努力してきた形跡が見られますが、このままでは行き詰まるのが目に見えています。何とか売上を上げる施策を実行しなければなりません。

　売上について、もう少し分析してみます。
　図表72の左上のグラフは、商品カテゴリ別の取り扱い商品数

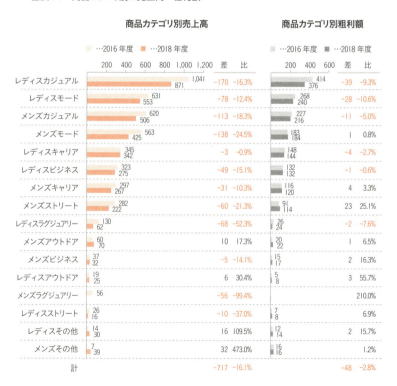

図表71　商品カテゴリ別の売上高・粗利額

# Chapter 5：目的に沿ったデータ分析の方法

### 図表 72　商品カテゴリ別の取り扱い商品数と規模

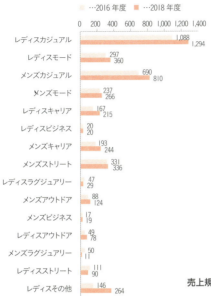

**商品カテゴリ別取り扱い商品数**

…2016 年度　…2018 年度

| カテゴリ | 2016年度 | 2018年度 |
|---|---|---|
| レディスカジュアル | 1,088 | 1,294 |
| レディスモード | 297 | 360 |
| メンズカジュアル | 690 | 810 |
| メンズモード | 237 | 266 |
| レディスキャリア | 167 | 215 |
| レディスビジネス | 20 | 20 |
| メンズキャリア | 193 | 244 |
| メンズストリート | 331 | 336 |
| レディスラグジュアリー | 47 | 29 |
| メンズアウトドア | 88 | 124 |
| メンズビジネス | 17 | 19 |
| レディスアウトドア | 49 | 78 |
| メンズラグジュアリー | 50 | 11 |
| レディスストリート | 111 | 90 |
| レディスその他 | 146 | 264 |
| メンズその他 | 88 | 113 |

**売上規模別の商品数**

| 規模 | 2016 | 2018 | 商品数 差 | 商品数 比 | 売上高 差 | 売上高 比 |
|---|---|---|---|---|---|---|
| 1000万円以上 | 76 | 67 | -9 | -11.8% | -636 | -26.0% |
| 500〜1000万円 | 83 | 77 | -6 | -7.2% | -58 | -10.1% |
| 200〜500万円 | 219 | 187 | -32 | -14.6% | -104 | -15.0% |
| 100〜200万円 | 232 | 234 | 2 | 0.9% | 4 | 1.2% |
| 50〜100万円 | 305 | 322 | 17 | 5.6% | 10 | 4.8% |
| 20〜50万円 | 396 | 513 | 117 | 29.5% | 42 | 32.2% |
| 10〜20万円 | 252 | 363 | 111 | 44.0% | 15 | 40.8% |
| 5〜10万円 | 273 | 351 | 78 | 28.6% | 6 | 29.2% |
| 2〜5万円 | 328 | 393 | 65 | 19.8% | 2 | 21.8% |
| 1〜2万円 | 214 | 240 | 26 | 12.1% | | 13.1% |
| 1万円未満 | 384 | 557 | 173 | 45.1% | 1 | 44.7% |

を示し、売上構成比の高い順に並べています。

　売上構成比の高い商品カテゴリを中心に、取り扱い商品数が増加していることがわかります。

　一方、右下のグラフは、売上規模別の商品数になります。たとえば、一番上の「1000万円以上」の棒グラフは、1商品で年間1000万円以上を売り上げる商品を示します。2016年度は1つの商品で1000万円以上売り上げる商品が76種類あったのに対し、2018年度には67種類に減っているということです。

　図表72から、取り扱い商品数は増加傾向にあるものの、1つの商品で効率よく大きな売上を上げる(=稼げる)商品が減っていることがわかります。


　(2) 在庫状況を明確にする

　ここまでのデータ分析で、売上減少要因は、「取り扱い商品数が増えた一方で、1商品当たりの販売金額が減少したこと」であることがわかりました。仮説として、各商品の管理が適切にできておらず、次の2つの状況が発生していると考えられます。

❶本来売れるはずの商品が切れてしまっている
❷売れない商品を余分に仕入れてしまっている

　特に❶においては、売上高が大きく減少した一方で、粗利額に関しては、売上高ほどの減少には至っていないことからも、在庫を絞って利益を捻出したと考えられます。

　それでは、仮説を確かめるためデータ分析を続けましょう。

　図表73の左側のグラフは、各商品カテゴリの在庫高の推移に

Chapter 5：目的に沿ったデータ分析の方法

### 図表73 商品カテゴリ別と上位100商品の在庫高

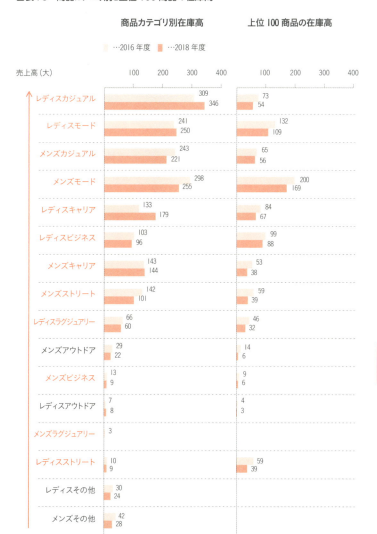

※オレンジ色の字は売上減少したカテゴリ（P.178 図表71 参照）

なります。

　これを見ると、上位カテゴリのうち、レディスカジュアル、レディスモード、レディスキャリア、メンズキャリアでは在庫高が増え、メンズカジュアル、メンズモード、レディスビジネス、メンズストリートでは在庫高が減っています。つまり、商品カテゴリによって在庫状況にバラつきがあることがわかり、管理体制がしっかりできていないことが想定されます。

　次に、同じく図表73の右側のグラフは、各商品カテゴリの中の上位100商品のみの在庫高の推移になります。

　こちらを見ると、先ほどのカテゴリ全体と異なり、全商品カテゴリにおいて、上位100商品の在庫高は減少していることがわかります。したがって、F社は**全商品カテゴリにおいて一斉に、しかも売上構成比の高い上位商品を中心に在庫圧縮をしてしまったことがわかります。**

　特に、売上構成比の高いレディスカジュアルとレディスモードなど、全体の在庫高が増えている一方で、上位100商品の在庫高が減っているような商品カテゴリは、売れるはずの上位商品に欠品が生じている可能性があるといえるでしょう。

　また、全体在庫高の増加の一方、売上高が減少しているので、売れない商品を余分に抱えている可能性も大いにあります。

　(3) 売れ筋商品の欠品と死に筋商品を把握する

　こうして商品カテゴリごとの傾向を掴むことができました。特に売上高上位であるレディスカジュアルとレディスモードに問題が多そうです。

◉売上高は減少している〈図表71〉
◉取り扱い商品数は増加している〈図表72〉
◉在庫高も増加している〈図表73〉
◉売上高上位商品の在庫高は減少している〈図表73〉

　上記より、この上位2つの商品カテゴリにおいて、次の2つのことが想定されます。

◉売れ筋商品の在庫が足らずに、本来であれば売れるはずなのに欠品を起こしてしまっている
◉売れない死に筋商品を多く抱えてしまっている

　それでは、実際に商品ごとの消化率を見てみましょう。
　消化率とは、期間内において仕入れた商品のうちどの程度が売れたのかを表す指標で、「**消化率 ＝ 売上数量 ÷ 仕入数量**」で表されます。消化率が100％に近ければ近いほど、仕入れた数量が十分販売されているということになります。
　しかし、100％に近い場合は、欠品が起こっている可能性があります。本当は店頭に置いておけば売れたはずなのに、在庫がないため売れない。しかし、消化率としては100％で算出されるので、仕入れた分を販売できているからよい、と勘違いしてしまうことがよくありますので、ご注意ください。
　一方で、消化率が0％に近づけば近づくほど「売れていない」ことになります。
　消化率が50％を割るような商品は、「仕入れた数量ほどお客様は求めていない」と判断されます。在庫が最終的に残ってし

まうと、廃棄処分となり、仕入れたコスト分がそのまま赤字となります。したがって、仮に一定期間販売しても消化率が芳しくない場合は、値下げなどして、少しでも現金回収を目指すことが必要となります。

　以上を踏まえて、F社の商品別の消化率を見てみましょう。

　商品別の消化率〈図表74〉を見ると、消化率が90%を超えている商品が多数存在しているのがわかります。

　仕入れた分をすべて販売してしまっている**消化率100%の商品も存在しています。これらの商品は欠品を起こしてしまっている可能性が大いにあります。**売上増加および利益額増加をまだ十分に狙える商品でしょう。

**図表74　商品別の消化率**

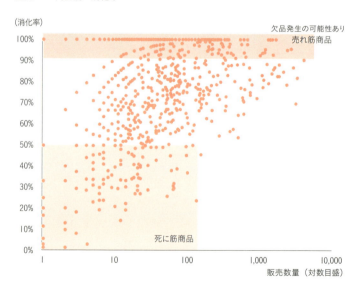

一方で、消化率が50％を下回る死に筋商品も多数存在しています。

これらの商品はすでに仕入れてしまっているため、どうにかして売って、少しでも現金回収するほかありません。値引きやセールなどで少しでも多く販売することが重要でしょう。

（4）打ち手を構築する

以上のデータ分析より、今後のF社の方針が固まりました。

❶死に筋商品の値引きセールを大々的に行い、在庫を少しでも販売することで現金を生み出す。
❷生み出した現金を使い、売上高上位商品の中でも消化率が100％に近い、欠品発生の可能性が高い商品の仕入数量を増やし、売上増加を狙う。

この2つの方針を、F社にとって影響力の強いレディスカジュアルとレディスモードの商品カテゴリに絞ってまずはトライしてみることにしました。

在庫には日々悩まされるという方も多いかもしれませんが、データ分析をすることで、少しでも適正在庫へと近づけることは可能なのです。

## ➕ 番外編 「適正な在庫」をどう確保するか？

さて、常に適正な在庫を確保しておくためにはどうすればいいのでしょうか。

データ分析を仕組み化してしまえば、労力をかけずに管理が

可能になるのです。販売・仕入・在庫の数量の関係は、

　　販売数量　−　仕入数量　＝　在庫数量

となりますが、適正な在庫を常に持っておくためには、この在庫数が、常にマイナスにならず過剰なプラスにならないように管理しておく必要があります。
　実際の例を見ながら説明しましょう。

> **Case Study**
> 　あなたは手芸品の材料や素材を取り扱う企業G社のネットショップ担当者です。このたび、商品の発送を外部委託することになり、常に今ある在庫を確認して指示を出すことが必要となったため、在庫管理表の作成を行うことにしました。

　適正な在庫数量とするためにも必要となってくるのが、現状をしっかりと把握することになります。
「販売数量　−　仕入数量　＝　在庫数量」のうち、販売数量は日々の売上データから把握できます。そして、在庫数量についても、商品が保管してある倉庫から在庫データを拾い上げることができます。

　適正な在庫（正確には、売り逃しをせず、過剰在庫を持たない）にするためには、**「仕入数量」について、適切なタイミングで的確な数量を追加していくことが必要です。**

今回の例では、次の条件を前提としますが、自社に合った条件で同じように分析・管理ができますので、ぜひ自社に合わせて作成してみてください。

### ▼G社の事例における前提条件
- 商品が小さいため、3カ月分の保管が可能
- 各商品、発注してから1カ月で入荷可能
- 送料をなるべく抑えるため、毎月1回在庫補充する

販売数量と在庫数量は、「結果」としてデータが保管されています。その「結果」をもとに「打ち手」である仕入数量を分析する表を作成していきます。

そのために、まずは販売数量と在庫数量の各データを統合することが必要です。

次ページ図表75は、販売数量の元データです。ネットショップにおける販売データをCSV形式でダウンロードしたデータとなります。過去1年分の販売実績を今回は使用します（分析で使用しない個人情報等のデータは除いています）。

そして、次ページ図表76は在庫数量の元データです。こちらは商品を保管してある外部委託先のシステム（WMS）から現在の在庫状況をCSV形式でダウンロードしています。なお、WMSとは、Warehouse（倉庫）Management Systemの略で、「倉庫管理システム」と訳されます。

図表75のF列と図表76のB列が「商品ID」として共通してい

**図表75　G社のネットショップ販売実績データ**

| | A | B | C | D | E | F | G | H | I | J |
|---|---|---|---|---|---|---|---|---|---|---|
| 1 | 売上ID | 受注日 | 顧客ID | 総合計金額 | 売上詳細ID | 商品ID | 商品名 | 販売価格(消費税込) | 販売個数 | 小計 |
| 2 | 79586779 | 2017/11/1 | 58069287 | 5015 | 192433280 | 35436551 | | 160 | 2 | 320 |
| 3 | 79586779 | 2017/11/1 | 58069287 | 5015 | 192433281 | 59380375 | | 1000 | 1 | 1000 |
| 4 | 79586779 | 2017/11/1 | 58069287 | 5015 | 192433282 | 59380380 | | 1000 | 1 | 1000 |
| 5 | 79586779 | 2017/11/1 | 58069287 | 5015 | 192433285 | 59380478 | | 1000 | 1 | 1000 |
| 6 | 79586779 | 2017/11/1 | 58069287 | 5015 | 192433287 | 59380559 | | 250 | 7 | 1750 |
| 7 | 79586779 | 2017/11/1 | 58069287 | 5015 | 192433288 | 94737636 | | 130 | 1 | 130 |
| 8 | 79586779 | 2017/11/1 | 58069287 | 5015 | 192433289 | 101457472 | | 105 | 1 | 105 |
| 9 | 79596015 | 2017/11/1 | 58418979 | 4190 | 192456757 | 465965769 | | 260 | 2 | 520 |
| 10 | 79596015 | 2017/11/1 | 58418979 | 4190 | 192456758 | 465965773 | | 310 | 2 | 620 |
| 11 | 79596015 | 2017/11/1 | 58418979 | 4190 | 192456759 | 456194477 | | 270 | 1 | 270 |
| 12 | 79596015 | 2017/11/1 | 58418979 | 4190 | 192456760 | 35436650 | | 120 | 1 | 120 |
| 13 | 79596015 | 2017/11/1 | 58418979 | 4190 | 192456761 | 35438805 | | 160 | 1 | 160 |
| 14 | 79596015 | 2017/11/1 | 58418979 | 4190 | 192456762 | 59386435 | | 1100 | 1 | 1100 |
| 15 | 79596015 | 2017/11/1 | 58418979 | 4190 | 192456763 | 447872789 | | 270 | 1 | 270 |
| 16 | 79596015 | 2017/11/1 | 58418979 | 4190 | 192456764 | 57862653 | | 100 | 1 | 100 |
| 17 | 79596015 | 2017/11/1 | 58418979 | 4190 | 192456765 | 94737636 | | 130 | 1 | 130 |
| 18 | 79596015 | 2017/11/1 | 58418979 | 4190 | 192456766 | 465649380 | | 160 | 1 | 160 |
| 19 | 79596474 | 2017/11/1 | 58419474 | 9940 | 192457810 | 60259625 | | 230 | 5 | 1150 |
| 20 | 79596474 | 2017/11/1 | 58419474 | 9940 | 192457811 | 70884039 | | 230 | 2 | 460 |
| 21 | 79596474 | 2017/11/1 | 58419474 | 9940 | 192457812 | 70884111 | | 230 | 8 | 1840 |
| 22 | 79596474 | 2017/11/1 | 58419474 | 9940 | 192457813 | 87774827 | | 550 | 2 | 1100 |
| 23 | 79596474 | 2017/11/1 | 58419474 | 9940 | 192457814 | 87774846 | | 500 | 2 | 1000 |
| 24 | 79596474 | 2017/11/1 | 58419474 | 9940 | 192457815 | 340690278 | | 600 | 2 | 1200 |
| 25 | 79596474 | 2017/11/1 | 58419474 | 9940 | 192457816 | 321044939 | | 380 | 4 | 1520 |
| 26 | 79596474 | 2017/11/1 | 58419474 | 9940 | 192457817 | 321045869 | | 450 | 1 | 450 |
| 27 | 79596474 | 2017/11/1 | 58419474 | 9940 | 192457818 | 94903667 | | 450 | 2 | 900 |
| 28 | 79597297 | 2017/11/1 | 58419850 | 2400 | 192459886 | 359308152 | | 110 | 1 | 110 |
| 29 | 79597297 | 2017/11/1 | 58419850 | 2400 | 192459887 | 59380559 | | 250 | 3 | 750 |
| 30 | 79597297 | 2017/11/1 | 58419850 | 2400 | 192459888 | 59380563 | | 270 | 3 | 810 |
| 31 | 79597297 | 2017/11/1 | 58419850 | 2400 | 192459889 | 35438802 | | 160 | 1 | 160 |

**図表76　G社のネットショップ在庫実績データ**

| | A | B | C | D | E | F | G | H | I | J | K | L |
|---|---|---|---|---|---|---|---|---|---|---|---|---|
| 1 | カテゴリ名 | 商品ID | 商品名 | 総在庫数 | 最終入庫日 | 最終出荷日 | 注文数 | 注文可能数 | 注残数 | 発注数 | | |
| 2 | パーツ | 101457472 | | 54 | 2018/4/13 | 2018/11/9 | 0 | 54 | 0 | 14 | | |
| 3 | パーツ | 101458413 | | 41 | 2018/11/12 | 2018/11/12 | 0 | 41 | 0 | 30 | | |
| 4 | 製品 | 106415532 | | 47 | 2018/3/13 | 2018/11/13 | 0 | 47 | 0 | 50 | | |
| 5 | 製品 | 106415663 | | 46 | 2018/3/13 | 2018/11/13 | 0 | 46 | 0 | 50 | | |
| 6 | 道具 | 124490371 | | 2 | 2018/5/9 | 2018/10/30 | 0 | 2 | 0 | 0 | | |
| 7 | 道具 | 129042106 | | 5 | 2018/3/13 | 2018/10/26 | 0 | 5 | 0 | 6 | | |
| 8 | 製品 | 129881165 | | 49 | 2018/5/11 | 2018/11/13 | 0 | 49 | 0 | 0 | | |
| 9 | 製品 | 129882235 | | 43 | 2018/5/11 | 2018/8/20 | 0 | 43 | 0 | 0 | | |
| 10 | 道具 | 135465488 | | 6 | 2018/10/12 | 2018/11/12 | 0 | 6 | 0 | 0 | | |
| 11 | 道具 | 135465655 | | 16 | 2018/10/12 | 2018/10/29 | 0 | 16 | 0 | 0 | | |
| 12 | オーダーメイド | 177871111 | | 5 | 2018/8/7 | 2018/7/17 | 0 | 5 | 0 | 0 | | |
| 13 | オーダーメイド | 177871112 | | 4 | 2018/1/5 | 2018/3/22 | 0 | 4 | 0 | 0 | | |
| 14 | オーダーメイド | 177880988 | | 2 | 2017/4/19 | 2018/9/28 | 0 | 2 | 0 | 0 | | |
| 15 | オーダーメイド | 177881823 | | 5 | 2017/4/19 | | 0 | 5 | 0 | 0 | | |
| 16 | オーダーメイド | 177881824 | | 4 | 2017/4/19 | 2018/2/6 | 0 | 4 | 0 | 0 | | |
| 17 | オーダーメイド | 177882132 | | 5 | 2018/1/5 | | 0 | 5 | 0 | 0 | | |
| 18 | オーダーメイド | 177882133 | | 2 | 2017/4/19 | 2018/7/17 | 0 | 2 | 0 | 0 | | |
| 19 | オーダーメイド | 177882726 | | 4 | 2018/1/5 | 2018/2/6 | 0 | 4 | 0 | 0 | | |
| 20 | オーダーメイド | 177882727 | | 4 | 2018/1/5 | 2018/1/15 | 0 | 4 | 0 | 0 | | |
| 21 | オーダーメイド | 181210188 | | 5 | 2018/5/2 | | 0 | 5 | 0 | 0 | | |
| 22 | オーダーメイド | 181210189 | | 4 | 2017/4/19 | 2017/12/6 | 0 | 4 | 0 | 5 | | |
| 23 | オーダーメイド | 181210190 | | 8 | 2018/5/25 | 2018/4/2 | 0 | 8 | 0 | 0 | | |
| 24 | オーダーメイド | 181210191 | | 6 | 2018/5/25 | 2018/4/10 | 0 | 6 | 0 | 0 | | |
| 25 | オーダーメイド | 181210262 | | 10 | 2018/6/25 | | 0 | 10 | 0 | 0 | | |
| 26 | オーダーメイド | 181210264 | | 8 | 2018/6/25 | | 0 | 8 | 0 | 0 | | |
| 27 | オーダーメイド | 181210265 | | 9 | 2018/6/25 | 2017/5/30 | 0 | 9 | 0 | 0 | | |
| 28 | 素材 | 267338072 | | 7 | 2017/10/31 | 2018/8/13 | 0 | 7 | 0 | 0 | | |
| 29 | 素材 | 267338073 | | 5 | 2017/10/31 | 2018/9/12 | 0 | 5 | 0 | 0 | | |

ます。したがって、図表76に図表75の販売数量を、このあと述べる「SUMIF関数」を使って紐づけます。

そして、在庫数量と販売数量から、仕入数量と仕入れるタイミングを算出します。その結果が図表77になります。

**図表77　G社ネットショップにおける在庫実績と販売実績**

| | A | B | C | D | E | F | G | H | I | J |
|---|---|---|---|---|---|---|---|---|---|---|
| 1 | カテゴリ | 商品ID | 商品名 | 総在庫数 | 最終入庫日 | 最終出荷日 | 販売数 | 月間販売数 | 在庫期間 | 発注有 |
| 2 | パーツ | 101457472 | | 54 | 2018/4/13 | 2018/11/9 | 22 | 1.8 | 29.5 | |
| 3 | パーツ | 101458413 | | 41 | 2018/4/13 | 2018/11/12 | 59 | 4.9 | 8.3 | |
| 4 | 製品 | 106415532 | | 47 | 2018/3/13 | 2018/11/13 | 0 | 0.0 | 販売実績なし | |
| 5 | 製品 | 106415663 | | 46 | 2018/3/13 | 2018/11/13 | 0 | 0.0 | 販売実績なし | |
| 6 | 道具 | 124490371 | | 2 | 2018/5/9 | 2018/10/30 | 8 | 0.7 | 3.0 | 要発注 |
| 7 | 道具 | 129042106 | | 5 | 2018/3/13 | 2018/10/26 | 1 | 0.1 | 60.0 | |
| 8 | 製品 | 129881165 | | 49 | 2018/5/11 | 2018/11/13 | 0 | 0.0 | 販売実績なし | |
| 9 | 製品 | 129882235 | | 43 | 2018/5/11 | 2018/8/20 | 7 | 0.6 | 73.7 | |
| 10 | 道具 | 135465488 | | 6 | 2018/10/12 | 2018/11/12 | 3 | 0.3 | 24.0 | |
| 11 | 道具 | 135465655 | | 16 | 2018/10/12 | 2018/10/29 | 4 | 0.3 | 48.0 | |
| 12 | オーダーメイド | 177871111 | | 5 | 2018/8/7 | 2018/7/17 | 2 | 0.2 | 30.0 | |
| 13 | オーダーメイド | 177871112 | | 4 | 2018/1/5 | 2018/3/22 | 1 | 0.1 | 48.0 | |
| 14 | オーダーメイド | 177880988 | | 2 | 2017/4/19 | 2018/9/28 | 2 | 0.2 | 12.0 | 要発注 |
| 15 | オーダーメイド | 177881823 | | 5 | 2017/4/19 | | 0 | 0.0 | 販売実績なし | |
| 16 | オーダーメイド | 177881824 | | 4 | 2017/4/19 | 2018/2/6 | 1 | 0.1 | 48.0 | |
| 17 | オーダーメイド | 177882132 | | 5 | 2018/1/5 | | 0 | 0.0 | 販売実績なし | |
| 18 | オーダーメイド | 177882133 | | 4 | 2017/4/19 | 2018/7/17 | 2 | 0.2 | 12.0 | 要発注 |

それでは、図表77のつくり方を順番に説明していきます。

A列〜F列は、図表76と同じ情報が入っています。

それでは、まずはセルG2に、次の式を記入します。

=sumif(図表75!F:F,図表77!B2,図表75!I:I)
※=sumif(範囲,検索条件,合計範囲)

このSUMIF関数もよく使う関数のひとつで、検索条件に合う数字の合計値を計算する関数です。複数条件を組み合わせて合計値を出すSUMIFS関数も覚えておくといいでしょう。

これで、同じ商品IDの販売数量を持ってくることができま

す。同じ式をコピー&ペーストして、全商品について販売数量を計算します。

　計算されたG列の数値は過去1年分の販売数量となります。

　G社の場合は、毎月1回在庫補充すると決めたため、次に1カ月の平均販売数量を計算します。具体的には「＝G2/12」をセルH2に記入し、そのセルをコピー&ペーストして、全商品における1カ月分の販売数量を計算します。

　次にI列ですが、H列の結果をもとに、現在、何カ月分の在庫を保管しているのかを計算しています。

　販売実績がない商品もある可能性がありますので、セルI2に次の式を記入し、全商品に同じように式を挿入します。H列の数字（販売実績）が0で割り算ができない場合に「販売実績なし」と記入されるようIFERROR関数を用いています。

　　=iferror(D2/H2,"販売実績なし")

　さて、G社では、「各商品3カ月分の在庫を保管する」「発注してから1カ月で入荷できる」という前提条件があったかと思います。そこで、J列に、在庫補充するべき商品についてフラグを立てるようにします。

**このフラグをもとにフィルタリングすることで、一目で在庫補充すべき商品を確認できるようにするため**です。

　前提条件に加え、G社では、次の条件も加えました。

- ●そもそも在庫数量が3未満となったら、在庫補充（発注）する

そして、発注してから1カ月で入荷できるので、在庫数量が1.5カ月分を切ってしまったら「要発注」とし、2.5カ月分を切ったら「発注準備」とするフラグを立てるようにしました。

それらを踏まえて、セルJ2に次のように入力しています。

=if(G2=0,"",if(D2<3,"要発注",if(I2<I.5,"要発注",if(I2<2.5,"発注準備",""))))

この式を左から日本語訳すると、次のようになります。

- ◉過去1年間の販売数量が0だった場合は発注せず
- ◉過去1年間の販売数量が1以上かつ総在庫数が3未満だった場合は要発注とし
- ◉過去1年間の販売数量が1以上で総在庫数が3以上でも残りの在庫期間が1.5カ月分を切っても要発注とし
- ◉過去1年間の販売数量が1以上で総在庫数が3以上で残りの在庫期間が1.5カ月以上2.5カ月未満となったら発注準備とし
- ◉その他の条件であれば発注しない

そして「要発注」および「発注準備」のフラグが立った商品について、K列に発注数量を記入する計算式を入力します。

G社の場合は3カ月分の販売数量分の在庫を保管するため、H列で計算されている月間販売数量の3倍の数を記入できるようにします。ただ、その数が10未満であった場合には、最低10在庫を補充するようにしました。

その結果、セルK2には次の式を記入しています。

=IF(J2="","",IF(H2*3<10,10,ROUND(H2*3,-1)))

「ROUND関数」は、数字の桁数を指定する関数です。小数点以下を四捨五入する際によく使いますが、今回は10未満の数を四捨五入する計算式としています。

あとは、セルJ2とセルK2にある式をコピー&ペーストして全商品に反映させることで完成です。

図表78は、図表77のJ列において、「要発注」と「発注準備」のみにフィルタリングした表になります。この表を見て発注指示をして在庫補充していくことになるのです。

G社の場合は、毎月この業務を実施しています。

いったん図表77を作成してしまえば、元データである図表75と図表76の表を更新するだけ(元データを貼りつけ変えるだけ)で、自動的に計算されます。

**1回目は関数などを多少は考えて作成する必要はありますが、その後は業務効率が格段に上がり、間違いも激減します。**
ぜひチャレンジしてみてください。

**図表78 G社ネットショップにおける在庫実績と販売実績（発注商品のみフィルタリング）**

| | A | B | C | D | E | F | G | H | I | J | K |
|---|---|---|---|---|---|---|---|---|---|---|---|
| 1 | カテゴリ | 商品ID | 商品名 | 純在庫数 | 最終入庫日 | 最終出荷日 | 販売数 | 月間販売数 | 在庫期間 | 発注有無 | 発注数(目安：3ヶ月分) |
| 6 | 道具 | 124490371 | | 2 | 2018/5/9 | 2018/10/30 | 8 | 0.7 | 3.0 | 要発注 | 10 |
| 14 | オーダーメイド | 177880988 | | 2 | 2017/4/19 | 2018/9/26 | 1 | 0.2 | 12.0 | 要発注 | 10 |
| 18 | オーダーメイド | 177882133 | | 2 | 2017/4/19 | 2018/7/17 | 2 | 0.2 | 12.0 | 要発注 | 10 |
| 37 | 素材 | 287303395 | | 2 | 2017/10/31 | 2018/11/13 | 2 | 0.2 | 12.0 | 要発注 | 10 |
| 46 | オーダーメイド | 321045869 | | 0 | 2017/11/10 | 2018/4/10 | 1 | 0.1 | 0.0 | 要発注 | 10 |
| 55 | 素材 | 350478941 | | 1 | 2018/8/31 | 2018/10/9 | 39 | 3.3 | 0.3 | 要発注 | 10 |
| 66 | 素材 | 35432998 | | 0 | 2018/6/11 | 2018/8/14 | 84 | 7.0 | 0.0 | 要発注 | 20 |
| 73 | パーツ | 35436535 | | 18 | 2018/11/5 | 2018/11/13 | 95 | 7.9 | 2.3 | 発注準備 | 20 |
| 85 | パーツ | 35437649 | | 2 | 2017/7/3 | 2018/11/5 | 3 | 0.3 | 8.0 | 要発注 | 10 |
| 108 | パーツ | 35437906 | | 2 | 2018/3/13 | 2018/10/29 | 13 | 1.1 | 1.8 | 要発注 | 10 |

このように、エクセルを活用して、日々の業務管理も簡単にできるのです。

近年では、「BIツール」と呼ばれる、「業務における数値の見える化」をうたったツールがたくさん出ています。しかし、残念なことに、ツールを入れることが目的化してしまっており、本来の「業務効率アップ」という結果とはならないケースをよく見かけます。

重要なのは、「そもそも何の業務のためのどんな帳票が必要なのか」という部分を明確にすることです。

そして、それはすべてエクセルで実行することができます。むしろエクセルで実行できないことは、どのツールを入れても実行できませんし、そもそもその業務の効率化の仕方、作成したい帳票が間違っている、といえます。

まずはエクセルで帳票を作成してみてください。システムが組まれたツールは簡単に直せませんが、エクセルであれば簡単に直すことができます。「一度エクセルで運用してみてから、よりスピードを上げるためにツールを導入する」というプロセスが最善だと、私は考えています。

# 新しい事業のネタは常に消費者が持っている 6

## ● データ分析で新規事業の実行リスクを下げる

既存の事業だけでは、なかなか売上を上げていくことが困難な時代です。常に新しい事業のネタを探している企業も多いでしょう。

可能性のある企業や事業のM&Aはもちろん、社内に新規事業、あるいは新会社設立などに関する制度を設けている企業も少なくないと聞きます。

今後伸びていく事業を探すのは簡単ではありません。やってみないとわからない、というものがほとんどです。しかし、アイデアのみで闇雲に実行するにはリスクが高すぎます。

そこで、データ分析が活躍します。

既存事業の改善はもちろん、商品開発や営業政策など新たな施策を打ったり、新事業を展開したりする際に、**消費者調査によるデータ分析を活用することで、数値データに基づき行動することが可能**となります。

特に大きな組織では、内部の説得に手間取ってしまい、新たな施策をなかなか実行に移せないことも多いようです。しかしデータ分析をすることにより数字で立証していけば、説得力が増して稟議が通しやすくなり、物事をスピーディーに進めるこ

とが可能です。ここでは次の2つのケースについて説明します。

❶商品開発事例：消費者から見た市場規模
❷営業政策事例：自社の課題も消費者に聞くと浮き彫りに

## ❶商品開発事例：消費者から見た市場規模

### Case Study

あなたは化粧品メーカーH社の女性用商品開発担当で、新規顧客獲得を目的とした新商品開発を命じられました。そこで、どのジャンルの新商品が最も新規顧客の獲得に有利なのかをデータ分析により検討することになりました。

戦略とは「誰に、何を、どのように展開していくのか」を考えることです。消費者調査を実施する際も、上記のことを考慮する必要があります。

まず「誰に」ですが、こちらは自社の既存のメイン顧客層、あるいは獲得したい顧客層と考えてください。今回の場合は「成人女性」になります。

次に「何を」ですが、こちらは自社にて展開可能な商品、あるいは今後展開していきたい商品になります。A社の場合、自社工場を持っており、今回は大きな設備投資までは行わないため、既存の商品群である5種類のスキンケア化粧品「洗顔料」「クレンジング」「化粧水」「乳液」「美容液」になります。

今回は、成人女性500名に対してウェブ調査を実施することで、「新規顧客獲得」を目指すにあたって5種類のうちのどの商品をどのように展開していくのかを分析します。

### ▼データ分析のアプローチ

**❶課題の見極め（目的の明確化）**

今回のケースでは、「ターゲットの成人女性に向けた新商品開発による新規顧客獲得」が目的です。

**❷仮説の洗い出しと絞り込み**

このケースでは、洗顔料・クレンジング・化粧水・乳液・美容液のうち、どれが新規顧客を呼ぶ集客商品となるのかで考えますが、業界特有の傾向から、洗顔料と化粧水が集客商品としてふさわしいのではないかと仮説を立てました。図表79のように仮説をロジックツリーで整理しました。

図表79　このケースにおける仮説

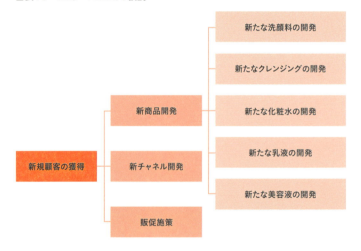

❸分析方法の定義

各商品群の消費者動向

→ 使用状況や購入状況を比較することで、新規顧客獲得（集客）に向けて適切な商品を見極める

❹情報（データ）の収集

各商品の消費者動向（使用状況・購入状況）

## 「新規事業開発（商品開発）」のデータ分析の実例

それでは、実際にデータ分析を進めていきましょう。

（1）商品の当たりをつける

世の中のほとんどの女性がスキンケア化粧品を使用しています。したがって、新規顧客を獲得するためには、すでに使用しているブランドからスイッチしてもらう必要があります。

そのためには、今、実際に使用しているブランドをどの程度の期間使っているのか知る必要があります。そこで、まずは「現在使用しているブランドの使用期間」について調査します。

調査設計としては、次ページ図表80のように、現在使用しているブランドの使用期間を尋ねる形になります。

また、ウェブ調査を実施して実際に得られた回答結果が、次ページ図表81になります。

今回のように手元にデータ分析の材料がない場合、その材料となる数値データをつくるところから始める必要があります。

図表80　現在使用しているブランドの使用期間（調査設計）

| Q. 下記商品について、現在使用しているブランドはどの程度の期間使用していますか？（各商品、単一回答） | | | | | |
|---|---|---|---|---|---|
|  | 洗顔料 | クレンジング | 化粧水 | 乳液 | 美容液 |
| 現在は使っていない | ◎ | ◎ | ◎ | ◎ | ◎ |
| 3カ月未満 | ◎ | ◎ | ◎ | ◎ | ◎ |
| 3カ月〜半年未満 | ◎ | ◎ | ◎ | ◎ | ◎ |
| 半年〜1年未満 | ◎ | ◎ | ◎ | ◎ | ◎ |
| 1年〜3年未満 | ◎ | ◎ | ◎ | ◎ | ◎ |
| 3年以上 | ◎ | ◎ | ◎ | ◎ | ◎ |

図表81　現在使用しているブランドの使用期間（結果）

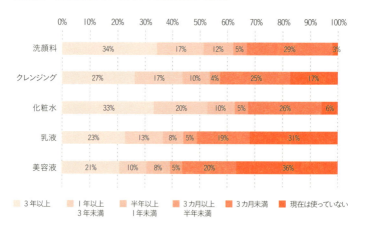

その際に消費者調査は有用ですが、**闇雲に設計してはいけません。少なくとも数人の消費者に直接ヒアリングした上で仮説を立てて調査設計します。**今回も事前のヒアリングで化粧品を購入する要素をある程度抽出して調査項目を決めています。

Chapter 5：目的に沿ったデータ分析の方法

　新規顧客を獲得するにあたって、できるだけ多くの客数を狙う場合、乳液と美容液は可能性が低いことがわかります。
　なぜなら、成人女性全体の3割以上が使っていないため、より多くの新規顧客を取るには適さないと考えられるからです。
　また、クレンジングも全体の17％の成人女性が「現在は使っていない」と回答しているため、「現在は使っていない」の回答割合が3％の「洗顔料」、6％の「化粧水」と比べると、新規顧客をより多く獲得していくためには弱いと考えられます。
　よって、新規商品開発は、洗顔料か化粧水に絞りたいと思います。

　……ちょっと待ってください。本当にこれでよいのでしょうか？　そう、お気づきの方もいるかもしれませんが、「市場規模」の概念が抜けてしまっています。
　TPCマーケティングリサーチ（株）の調査によると、それぞれの2016年度における市場規模は、以下の通りです。

- ●洗顔料　　　　　1,250億円
- ●クレンジング　　876億円
- ●化粧水　　　　　2,787億円
- ●乳液　　　　　　995億円
- ●美容液　　　　　1,990億円

　化粧水は、5つの商品カテゴリの中で最も市場規模が大きいですが、洗顔料は、化粧水の半分もありません。
　また、洗顔料よりも美容液のほうが市場規模は大きいため、

洗顔料は対象商品としてはそぐわないかもしれません。

このように、使用期間の結果を見ると、洗顔料→化粧水の順番で可能性がありそうに思えたものが、市場規模を見ると、化粧水→美容液の順番で可能性がありそうに思えてきます。

今回のようにデータ分析を進めていくと、時として異なる判断を迫られるような複数の分析結果に出合うことがあります。**そんなときこそ、データ分析の「目的」に戻ることが大切**です。今回のデータ分析の目的、それは「新規顧客獲得」。より多くのお客様に買っていただくことです。

もちろん市場規模も重要な指標ではありますが、今回の場合はそれよりも「より多くの人が自社の新商品にスイッチしてくれるか」が重要になります。そうすると、図表81で「現在は使っていない」の割合が少ない商品のほうが購入するハードルは低いですし、「3カ月未満」の割合が多い商品のほうがブランドをスイッチしやすいと考えられます。

したがって、先ほど述べた「洗顔料」と「化粧水」に絞っていいでしょう。

(2) 具体的な新商品の仮説を構築する

では、次に洗顔料と化粧水において、どちらのほうが新規顧客獲得にあたって適切かを分析していきましょう。

商品の購入にあたり、考慮すべきポイントは、「購入頻度」と「購入金額」です。購入頻度が高いほど、ブランドスイッチ(今まで購買してきたブランドをやめ、異なる競合ブランドを購買すること)する機会が増えます。また、価格も安いほどブラン

ドスイッチする抵抗が低くなります。

　したがって、「購入頻度が高く、購入金額の低い商品」が、新規顧客獲得にあたって、より適切だと考えられます。そのため、次ページ図表82のように化粧品の購入頻度と購入金額の調査を設計します。その結果が次ページ図表83になります。

　購入頻度に関しては、洗顔料が「1カ月に1回以上」と回答している割合が15％に対して、化粧水は9％となっています。「2カ月に1回程度」あるいは「3カ月に1回程度」と回答している割合は洗顔料も化粧水も変わらないのですが、「1カ月に1回以上」と回答している割合が洗顔料のほうが多いことから、全体として「化粧水よりも洗顔料のほうが購入頻度が高い」といえます。

　次に購入金額を見ます。こちらは大きく差が出ています。「1,000円未満」と回答している割合は、化粧水が24％に対して、洗顔料は半数を超える51％となっています。

　1,000円以上の商品を購入している割合は大きく変わらないのですが、1,000円未満に関しては、洗顔料と化粧水では倍以上の差が出ています。

　ブランドスイッチのしやすさでいえば、化粧水よりも洗顔料のほうが明らかにしやすいといえるでしょう。


　(3) 打ち手の検討
　以上のことから、今回、新規顧客獲得にあたって、洗顔料を選択することに決めました。
　具体的な展開方法として、次の2パターンで検討中です。

図表82　化粧品の購入頻度と購入金額（調査設計）

| Q. 下記商品について、購入頻度はどの程度ですか？（各商品、単一回答） | | |
|---|---|---|
| | 洗顔料 | 化粧水 |
| 1カ月に1回以上 | ○ | ○ |
| 2カ月に1回程度 | ○ | ○ |
| 3カ月に3回程度 | ○ | ○ |
| 4カ月に1回〜半年に1回 | ○ | ○ |
| 年に1、2回 | ○ | ○ |
| ほとんど購入なし（1年に1回未満） | ○ | ○ |
| 購入しない | ○ | ○ |

| Q. 下記商品について、購入金額はどの程度ですか？（各商品、単一回答） | | |
|---|---|---|
| | 洗顔料 | 化粧水 |
| 1,000円未満 | ○ | ○ |
| 1,000円〜2,000円未満 | ○ | ○ |
| 2,000円〜3,000円未満 | ○ | ○ |
| 3,000円〜5,000円未満 | ○ | ○ |
| 5,000円以上 | ○ | ○ |
| 購入しない | ○ | ○ |

図表83　化粧品の購入頻度と購入金額（結果）

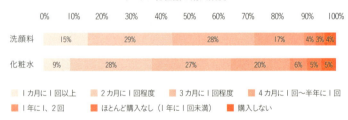

- 顧客母数をより増やすのであれば、無料サンプル（あるいは100円程度）で集客し、1,000円未満の本商品へつなげる
- 比較的高価格帯でコアなファンをつくり上げていくのであれば、1,000円未満のトライアル品で集客し、3,000円未満の本商品へつなげる

どちらの方法をとるにせよ、「1,000円未満で購入できる集客商品をつくること」が必要だと考えられます。

今回のデータ分析では、新規顧客獲得に絞ったものでしたが、実際の事業の中では、「獲得した新規顧客をいかにリピートさせていくか」も同時に考える必要があります。

とはいえ、この程度のデータ分析であっても、十分に「目的」を達成させるための施策が出てくるのです。

## ❷営業政策事例：自社の課題も消費者に聞くと浮き彫りに

### Case Study

あなたはエステサロンI社の経営企画部に所属していて、以下の課題が挙がっています。

1. 初回トライアルを安価に提供して集客しているが、チケットを購入するようなリピート客になかなかつながらない。
2. 本来は30代〜40代の女性を狙いたいのだが、上記の施策で来客する顧客層は10代〜20代の若い層が多い。

この課題を解決する戦略を構築することが、経営企画部に課せられた使命です。

▼データ分析のアプローチ

❶課題の見極め（目的の明確化）

目的は、I社エステサロンにおける30代～40代女性のリピート顧客の創出。

❷仮説の洗い出しと絞り込み

現状、30代～40代女性に対して適切なアプローチができていないことが想定されます。仮説を図表84のようにロジックツリーで整理しました。

図表84　このケースにおける仮説

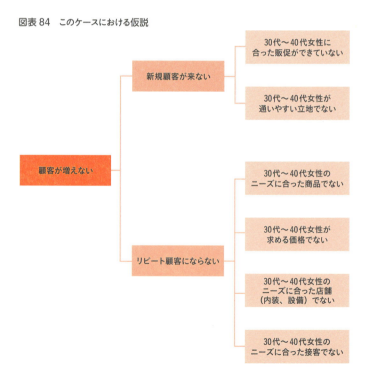

❸分析方法の定義
1. エステサロンの選択要因
   → エステサロンを選択する基準を明確にする
2. エステサロンⅠ社の評価状況
   → エステサロンを選択する基準に対してⅠ社の評価を比較することで、改善ポイントを把握する

❹情報(データ)の収集
   エステサロンの選択基準
   エステサロンⅠ社の評価状況

## ➕「新規事業開発(営業政策)」のデータ分析の実例

それでは、実際にデータ分析を進めていきましょう。

(1) 調査設計

今回は、30代〜40代の女性を狙っていきたいので、女性を年代別(10代・20代・30代・40代・50代・60代以上：各年代100名ずつ)に分けて調査します。

初回トライアルにより集客はできているものの、次につながっていません。これは、集客施策ではなく、そもそも女性がエステサロンを選ぶ基準とⅠ社のサロン(サービス・価格・接客など)に乖離があることが考えられます。

つまり、「初回トライアルが安いから試しに行ってみたけど、通い続けるには違うのよね」といった気持ちをお客様に抱かせている可能性が高いといえます。

そこで、まずは女性がエステサロンを選択する際の基準と、それぞれの基準に対するI社の評価を分析することにより、そもそもI社エステサロンのどこに問題があるのか、どこにテコ入れが必要かを明確にしましょう。

エステサロンを選定する基準を抽出するにあたり、Googleで「エステサロン　口コミ」と検索したところ、以下のエステサロンの口コミランキングウェブサイトが見つかりました。

◉『実際の利用者が評価した、オリコン顧客満足度
　ランキング　エステサロンのランキング・比較』
　http://beauty.oricon.co.jp/rank_esthe/

ほかにもウェブサイトは数多く出てきますが、調査設計するにあたって活用できそうなウェブサイトを選んでください。
　今回、上記のウェブサイトを選んだ理由は、日本最大級の調査規模を誇り、かつ業界を問わずさまざまな調査を実施しているため公平性があるだろうという仮説と、よいと思うエステサロン選定の基準が載っていたことです。

このウェブサイトに書かれている基準を参考にして、先ほどの化粧品メーカーH社の事例と同様、エステサロンに通っている知人数人にヒアリングし、エステサロンを選定する際の基準をブラッシュアップします。その上で、エステサロンを選定するのに重要だと思う項目とI社の評価を消費者調査で聞いていきます。

ヒアリングの結果、尋ねる項目は、次のように設定しました。

- ●予約の取りやすさ
- ●通いやすさ
- ●店舗内の清潔さ
- ●施設（施術機器や化粧品）の充実度
- ●スタッフの知識の高さ
- ●スタッフの技術力の高さ
- ●スタッフの対応・接客態度
- ●効果の即効性
- ●わかりやすい価格設定
- ●コストパフォーマンス
- ●アフターケア（施術後のスキンケアアドバイス等）
- ●企業の信頼性や知名度

そして、次ページ図表85のように、エステサロンの選定基準とI社の評価を調査設計しました。選ぶ基準やよいと思う項目は1つとは限らないので、複数回答としています。

(2) 調査結果

次ページ図表86の調査結果を見ると、すべての項目についてエステサロンの選定基準とI社の評価に差があるように見え、特に、選定基準として評価の高い「通いやすさ」「わかりやすい価格設定」「コストパフォーマンス」「スタッフの技術力の高さ」「スタッフの対応・接客態度」について課題が大きそうに見えます。

図表85　エステサロンの選定基準とⅠ社の評価（調査設計）

> Q. 下記項目の中から、エステサロンを選ぶ基準とⅠ社サロンのよいと思う項目について、当てはまるものすべて選んでください。（複数回答）

| | エステサロンを選ぶ基準 | B社サロンのよいと思う項目 |
|---|---|---|
| 予約の取りやすさ | ◎ | ◎ |
| 通いやすさ | ◎ | ◎ |
| 店舗内の清潔さ | ◎ | ◎ |
| 施設（施術機器や化粧品）の充実度 | ◎ | ◎ |
| スタッフの知識の高さ | ◎ | ◎ |
| スタッフの技術力の高さ | ◎ | ◎ |
| スタッフの対応・接客態度 | ◎ | ◎ |
| 効果の即効性 | ◎ | ◎ |
| わかりやすい価格設定 | ◎ | ◎ |
| コストパフォーマンス | ◎ | ◎ |
| アフターケア（施術後のスキンケアアドバイス等） | ◎ | ◎ |
| 企業の信頼性や知名度 | ◎ | ◎ |

図表86　エステサロンの選定基準とⅠ社の評価（結果）

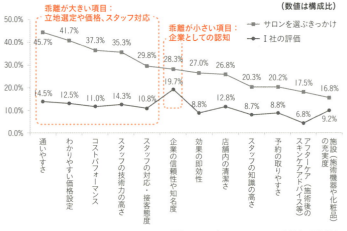

※（株）クロスメディア・コンサルティングが独自に調査分析

しかし、実はこのままでは正しい分析にはなりません。というのも、**業界全体と特定の企業を評価する場合、企業の評価のほうが厳しく出る傾向が強い**からです。また、認知度なども関係するため、どうしても企業の評価のほうが低く出がちです。

そこで、図表86の各項目について選定した人数構成比のグラフを、偏差値に直します〈図表87〉。元のグラフとは明らかに違うのがわかりますね。2つの線の重なりが増えました。エステサロンを選ぶ基準とⅠ社の評価がそれぞれ偏差値の平均50となったためです。

偏差値への変換方法はのちほどお伝えしますが、偏差値に変換することで、業界全体の評価と企業の評価という回答者の選択基準が異なる指標においても、偏差値50に平均値を合わせることで、それぞれどの項目で評価が高く、どの項目で評価が低

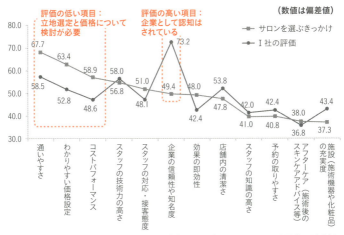

図表87　エステサロンの選定基準とⅠ社の評価（偏差値）

※（株）クロスメディア・コンサルティングが独自に調査分析

いのか、同じ目線で見ることができます。

この場合、偏差値に変換すると「女性がエステサロンを選ぶ基準」と「Ⅰ社の評価」により乖離のある項目がわかります。

まず、企業の認知度は極めて高いことがわかります。企業として信頼性があるのは、大きな強みです。しかし、その一方で、「通いやすさ」「わかりやすい価格設定」「コストパフォーマンス」については評価が低くなっています。

せっかく企業としての認知度が高いのに、店舗の場所がわかりづらかったり通いづらかったりするのは、もったいないといえます。今後の店舗出店における立地選定や店舗の告知方法などを改善する余地があるでしょう。

(3) 打ち手の検討

また、すぐにでも施策を講じる必要があるのが、「価格」です。価格については、改定しようと思えばすぐ実行することが可能です。

現状「価格設定がわかりにくく、コストパフォーマンスも良くない」と思われているのが実態です。価格設定を見直し、わかりやすい価格表を提示することで、初回トライアルからのリピート率は上がる可能性があるでしょう。

(4) 偏差値への変換方法

偏差値の計算もエクセルで簡単にできます。

図表86のグラフを偏差値にする場合、まずエクセル上で数値を図表88のように変換します。

図表88　エステサロンの選定基準とI社の評価（表）

| | 構成比 | | | 偏差値 | |
|---|---|---|---|---|---|
| | サロンを選ぶきっかけ | B社の評価 | | サロンを選ぶきっかけ | B社の評価 |
| 通いやすさ | 45.7% | 14.5% | | 67.7 | 58.5 |
| わかりやすい価格設定 | 41.7% | 12.5% | | 63.4 | 52.8 |
| コストパフォーマンス | 37.3% | 11.0% | | 58.9 | 48.6 |
| スタッフの技術力の高さ | 35.3% | 14.3% | | 56.8 | 58.0 |
| スタッフの対応・接客態度 | 29.8% | 10.8% | | 51.0 | 48.1 |
| 企業の信頼性や知名度 | 28.3% | 19.7% | | 49.4 | 73.2 |
| 効果の即効性 | 27.0% | 8.8% | | 48.0 | 42.4 |
| 店舗内の清潔さ | 26.8% | 12.8% | | 47.8 | 53.8 |
| スタッフの知識の高さ | 20.3% | 8.7% | | 41.0 | 42.0 |
| 予約の取りやすさ | 20.2% | 8.8% | | 40.8 | 42.4 |
| アフターケア（施術後のスキンケアアドバイス等） | 17.5% | 6.8% | | 38.0 | 36.8 |
| 施設（施術機器や化粧品）の充実度 | 16.8% | 9.2% | | 37.3 | 43.4 |

※（株）クロスメディア・コンサルティングが独自に調査分析

偏差値を算出したいセルに、次の式を入力します。

　＝（基となるデータ － AVERAGE（偏差値を取る範囲））
　/ STDEV（偏差値を取る範囲）*10＋50

AVERAGEは平均、STDEVは標準偏差になります。日本語で書くと、以下の通りです。

（偏差値を求めたい値 － 平均の値）/ 標準偏差 × 10 ＋ 50

(5) その他の課題への対応

その他の課題としては、自社がターゲットにしている30代〜

40代の女性客が獲得できていないことです。実際に獲得できていない理由として、次のことが考えられます。

- 一度来ているがリピートしていない
- 知っているけど来ていない
- そもそも知らない

そこで、現状30代～40代が獲得できていない理由を掴むために、年代別にI社に対する認知度・来店経験を聞きます。

その結果が図表89です。これを見ると、30代～40代女性において「認知はしているけど利用したことがない」という割合が最も高く、7割ほど存在していることがわかります。

したがって、問題は「知っているけど通ったことがない」ということになります。それは、図表87で示したように「立地」や「価格」面において評価が低いことが原因と考えられます。

ここまでの分析結果から導かれるI社の今後の戦略は、次のようなものになります。

- 他社サービスと比較した上でコストパフォーマンスの良いサービス開発をする
- わかりやすい価格設定を示す
- 入りやすい店構えにした上で再度店舗の場所を告知する

また、30代～40代女性に対して「一度来てもらう」ための体験やイベント施策を実行することも考えられるでしょう。

# Chapter 5：目的に沿ったデータ分析の方法

### 図表89　I社の認知度（調査設計と結果）

**Q. I社について、下記項目の中から、当てはまるもの全て選んでください。（単一回答）**

|  | 最も当てはまる項目 |
|---|---|
| I社に今も通っている | ◎ |
| I社に過去に通っていたことがある | ◎ |
| I社の体験だけ受けたことがある | ◎ |
| I社の名前は知っているが行ったことはない | ◎ |
| I社を知らない | ◎ |

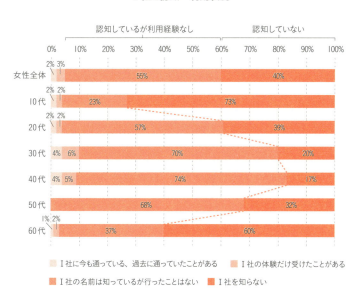

I社の認知・利用状況

213

以上、「商品開発」と「営業政策」という、それぞれ異なる事業改善の事例をお話ししました。
　商品やサービスについて、何かしら新しいことを始めるにあたって、消費者調査からのデータ分析が、事業を推進させることに間違いはありません。
　もちろん、データ分析をすることにより当初に想定していた改善施策や新規事業の仮説に間違いが見つかる可能性もあります。しかし、それでも一歩前進です。

　今までと違ったことをするには、勇気がいります。ただ、闇雲にやることは、勇気ではなく、単なる無謀です。
　今回ご紹介した事例のように、データ分析を行うことで、進めようと検討している事業を行うか否かが判断できます。ぜひ頭だけで考えるのではなく、定量的な材料をもとにしてデータ分析することにチャレンジしてみてはいかがでしょうか。

# 事業に不可欠なウェブサイトの最適化 7

## ●「顧客の行動」が把握しやすいECサイト

　企業・事業活動をしていくにあたって、今や自社のウェブサイトの運用は欠かすことのできない業務です。「いかにして自社サイトへの集客を増やし、そこからの問い合わせや資料請求、あるいは購買へとつなげるか」が、売上・利益を底上げしていくために必要不可欠な要素となっています。

　このパートでは、集客から購買までのプロセスが比較的わかりやすいEC（電子商取引）サイトの事例を使って、ウェブサイトを運営していく場合のデータ分析方法をお話しします。

　ECサイトも実店舗と同様、お客様が来店して、お店の中を回遊し、商品を手に取り購買する、というフローになります。

　実店舗では、何人のお客様が来店して、どの程度回遊して、実際に購入に至ったのは何人いたのかというデータを取るためには、かなりの労力、コストをかける必要があります。しかしECサイトでは、それがコストをかけず、比較的簡単に、正確性も高く把握することができるのです。

　そのためには最低限、自社のECサイトを、Googleが提供するウェブページのアクセス解析サービス「Googleアナリティクス」に登録する必要があります。おそらくECサイトを運営

している方がGoogleアナリティクスを知らないということは少ないと思いますが、この設定だけは必ず行いましょう。

Googleアナリティクスの登録・設定方法については、ここでは省きますが、インターネット上にたくさん出ていますので、まだの方は、まずはご自身で設定してみてください。

## ❌ ECサイト分析に必須のキーワード

事例に入る前に、少しだけ、ウェブサイト特有のキーワードについて解説しておきます。

ECサイトの売上は、次の式で成り立ちます。

売上高 ＝ IMP × CTR × CVR × 顧客単価

**IMPとは「インプレッション（露出）」**を表します。どれだけインターネットの世界に自社のサイトが表示されたのか、という指標です。実店舗でいえば、どれだけの人の目に止まったか、ということになります。

実際の店舗であれば、店舗の前を通る人が見た数だけでなく、路面に出している看板やフリーペーパー等への広告なども入ります。ECサイトだと、検索結果で表示される回数だけでなく、人が大勢集まるウェブサイトでの広告や、誰かのブログやSNSで発信された情報などもすべて入ってきます。

**CTRとは「クリック率」**です。その名の通り、表示された自社サイトの検索結果やバナーに対して、どれだけの割合の人がクリックしたか、ということを表す数値です。実店舗でいえば、

実際に店舗の中に入った割合になります。

そして**CVR**とは「**成約率**」の意味です。クリックしてECサイトに入ってきた人のうち、どの程度の割合の人が実際に購入に至ったのか、を表します。

ECサイトではCVRは実際に購入した人の割合を計算することが多いですが、ウェブサイト上で直接売買をしない、たとえば不動産投資や生命保険、B to Bビジネスなどでは、このCVRを資料請求やセミナー申し込み、問い合わせなどに設定することもあります。

ECサイトのデータ分析をする際は、IMP、CTR、CVR、顧客単価それぞれの数字がどのように推移しているのか、どの数字に課題がありそうかを見極めることで、効果的な打ち手へとつなげることができます。

### Case Study

あなたは小売J社へこのたびECサイト責任者として入社しました。現状のECサイトにおける課題を把握し、適切な施策を講じて売上を上げていくことを任されています。どのように売上向上を図ればいいでしょうか。

#### ▼データ分析のアプローチ
❶課題の見極め（目的の明確化）
　　→ J社ECサイトの売上増加。

❷仮説の洗い出しと絞り込み
　→現状の売上を要素分解して、各要素における数値を把握できていないために、適切な施策を実施できていません。まずは売上を要素分解して、各数値を分析します〈図表90〉。

❸分析方法の定義
　1. 各要素の数値の把握
　　→ECサイトにおける現状の各要素における数値の実態を明確にする
　2. 各要素に必要な施策の整理
　　→競合他社調査含めて、各要素における数値を上げるために必要な施策を整理する

図表90　売上を要素分解する

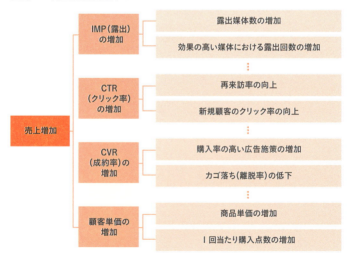

❹情報(データ)の収集
自社ECサイトのGoogleアナリティクスデータ
自社ECサイトでの売上関連データ
要素分解した各数値を上げるための施策調査

## ➗「ウェブサイトの改善」のデータ分析の実例

それでは、実際にデータ分析を進めていきましょう。

(1) 実績データの整理・分析
今まで同様、数字は大きなところから捉えていきます。
直近3年分の月次での売上、ECサイトへの訪問者数、購入者数、顧客単価、CVRを整理してみましょう。

次ページ図表91を見ると、2017年においては、ECサイトへの訪問者数が増加していることがわかります。ただ、その一方でCVRが減少しているので、集客数は増えているものの非効率となっているのが、2017年の状況です。

2018年においては、2017年と逆の状況になっていることがわかります。訪問者数は減少していますが、CVRが増加しており、効率が上がっています。

年度合計で見ると、もっとよくわかります〈P.221 図表92〉。
2016年度と2017年度を比較すると、売上高は同程度ですが、その中身は大きく異なります。2017年度は訪問者数が大きく増加していますが、CVRが低下しています。

図表91　J社ECサイトの売上関連データ（月次）

| 年月 | 売上高（千円） | 訪問者数（千人） | 購入者数（人） | 顧客単価（円） | CVR |
|---|---|---|---|---|---|
| 2015年10月 | 31,464 | 547 | 2,284 | 13,776 | 0.42% |
| 2015年11月 | 30,515 | 524 | 2,250 | 13,562 | 0.43% |
| 2015年12月 | 30,093 | 488 | 2,133 | 14,108 | 0.44% |
| 2016年1月 | 27,381 | 503 | 1,957 | 13,991 | 0.39% |
| 2016年2月 | 23,269 | 456 | 1,649 | 14,111 | 0.36% |
| 2016年3月 | 27,024 | 556 | 2,014 | 13,418 | 0.36% |
| 2016年4月 | 28,663 | 582 | 2,020 | 14,190 | 0.35% |
| 2016年5月 | 30,857 | 658 | 2,238 | 13,788 | 0.34% |
| 2016年6月 | 31,194 | 557 | 2,260 | 13,803 | 0.41% |
| 2016年7月 | 35,810 | 573 | 2,762 | 12,965 | 0.48% |
| 2016年8月 | 30,586 | 559 | 2,414 | 12,670 | 0.43% |
| 2016年9月 | 28,488 | 571 | 2,079 | 13,703 | 0.36% |
| 2016年10月 | 32,032 | 620 | 2,060 | 15,550 | 0.33% |
| 2016年11月 | 34,493 | 549 | 2,229 | 15,475 | 0.41% |
| 2016年12月 | 27,804 | 548 | 2,079 | 13,374 | 0.38% |
| 2017年1月 | 26,095 | 563 | 1,996 | 13,074 | 0.35% |
| 2017年2月 | 25,268 | 535 | 1,865 | 13,548 | 0.35% |
| 2017年3月 | 21,528 | 632 | 1,819 | 11,835 | 0.29% |
| 2017年4月 | 31,057 | 723 | 2,416 | 12,855 | 0.33% |
| 2017年5月 | 26,274 | 764 | 2,154 | 12,198 | 0.28% |
| 2017年6月 | 26,815 | 704 | 2,103 | 12,751 | 0.30% |
| 2017年7月 | 38,070 | 688 | 2,903 | 13,114 | 0.42% |
| 2017年8月 | 27,366 | 614 | 2,275 | 12,029 | 0.37% |
| 2017年9月 | 26,716 | 584 | 2,087 | 12,801 | 0.36% |
| 2017年10月 | 25,208 | 595 | 1,841 | 13,693 | 0.31% |
| 2017年11月 | 32,644 | 563 | 2,467 | 13,232 | 0.44% |
| 2017年12月 | 34,971 | 509 | 2,512 | 13,921 | 0.49% |
| 2018年1月 | 29,562 | 557 | 2,488 | 11,882 | 0.45% |
| 2018年2月 | 32,826 | 451 | 2,738 | 11,989 | 0.61% |
| 2018年3月 | 41,176 | 509 | 3,503 | 11,755 | 0.69% |
| 2018年4月 | 41,324 | 552 | 3,339 | 12,376 | 0.60% |
| 2018年5月 | 46,513 | 576 | 3,568 | 13,036 | 0.62% |
| 2018年6月 | 41,025 | 544 | 3,868 | 10,606 | 0.71% |
| 2018年7月 | 38,570 | 529 | 3,283 | 11,749 | 0.62% |
| 2018年8月 | 33,442 | 496 | 2,633 | 12,701 | 0.53% |
| 2018年9月 | 38,550 | 459 | 2,831 | 13,617 | 0.62% |

2017年3月～2017年10月：訪問者数が増加した一方、CVRが減少

2018年2月～2018年9月：訪問者数が減少した一方、CVRは増加

図表92　J社ECサイトの売上関連データ（年度合計）

| | | 2016年度 | 2017年度 | 2018年度 |
| --- | --- | --- | --- | --- |
| | | 2015/10〜2016/9 | 2016/10〜2017/9 | 2017/10〜2018/9 |
| 売上高<br>（千円） | 実数 | 355,343 | 343,518 | 435,812 |
| | 前年対比 | — | 96.7% | 126.9% |
| 訪問者数<br>（千人） | 実数 | 6,575 | 7,524 | 6,341 |
| | 前年対比 | — | 114.4% | 84.3% |
| 購入者数<br>（人） | 実数 | 26,060 | 25,986 | 35,071 |
| | 前年対比 | — | 99.7% | 135.0% |
| 顧客単価<br>（円） | 実数 | 13,636 | 13,219 | 12,427 |
| | 前年対比 | — | 96.9% | 94.0% |
| CVR | 実数 | 0.40% | 0.35% | 0.55% |
| | 前年対比 | — | 87.1% | 160.1% |

　これが2018年度になると、CVRが大幅に増加したことにより購入者数が増加します。結果として売上高も2017年度を大きく上回っています。しかし、その一方でECサイトへの訪問者数が減少していることがわかります。

　また、もうひとつ、2016年度以降、徐々に顧客単価が減少している傾向も見られます。

　(2) 打ち手の検討
　では、これらの結果より、今後売上増加を目指していくためには、何をすればいいのでしょうか？

まずは訪問者数です。2017年度より減少しているため、再度上げられる余地はあると考えられます。

　コストをかけない方法としては、既存のお客様にリピートしてもらうことです。メールマガジンやLINE、Facebook等のSNS会員に対する発信により、リピートを促します。

　図表93を見てわかる通り、PCと比べてスマートフォンからの訪問者数が年々増えていることからも、スマホユーザーが使うツールでのコミュニケーションは有効と想定されます。

　デバイス別の訪問者数についても、Googleアナリティクスで簡単に取得できます。

　新規の訪問者数を増やすためには、コストをかける必要が出てきます。

　最近では、自社の顧客が求めているような記事を増やすことでウェブサイトを強化する「コンテンツマーケティング」によるSEO対策も増えてきています。ただ、**この方法は時間がかかるため、中長期的な訪問者数増加にはいいのですが、短期的に**

**図表93　J社ECサイトにおけるデバイス別の訪問者数推移（月次）**

|  |  | 2016年度<br>2015/10〜2016/9 | 2017年度<br>2016/10〜2017/9 | 2018年度<br>2017/10〜2018/9 |
|---|---|---|---|---|
| PC訪問者数<br>（千人） | 実数 | 3,386 | 3,371 | 2,422 |
|  | 構成比 | 51.5% | 44.8% | 38.2% |
| スマホ<br>訪問者数<br>（千人） | 実数 | 3,189 | 4,153 | 3,919 |
|  | 構成比 | 48.5% | 55.2% | 61.8% |

**訪問者数を増やすには、まだまだウェブ広告が有効です。**

リスティング広告はもちろんですが、FacebookやTwitter、InstagramといったSNS広告、アフィリエイト広告など、さまざまな方法があるため、予算を決めた上で、自社に合った、費用対効果の高い広告手法を選定していく必要があります。

そのためには、日々、運用しながら各広告手法における効果を分析・検証して改善していくこと、PDCAを回していくことが重要となります。

そして顧客単価です。こちらはサイト内でいかに複数商品を購入してもらうか、あるいは単価の高い商品を購入してもらうかを考えます。

たとえば、競合他社に負けない品揃えの強化や、単価の高い商品のおすすめ、レコメンド機能などにより顧客単価を上げていくことができます。

以上の分析により、J社ECサイトの打ち手の方向性を定めることができました。

このように、ウェブサイトは、実店舗以上にデータ分析するために必要な数値情報を得ることができますし、日々、その数値を確認し、施策の検証を行うことができます。

ぜひ、自社のウェブサイトにおいても、データ分析をしてみてください。

## Chapter 6

[参考]
# データ分析で必要なエクセルのスキルは3つだけ!

# 分析に欠かせないエクセルの3つの機能 1

## ➕ 膨大なデータを整理し、分析できる

　データ分析をする上で、マイクロソフト社の表計算ソフト「エクセル（Excel）」は欠くことができません。

　Chapter 5までにも、エクセルでつくった図表がたくさん出てきました。**エクセルの特徴は、羅列された膨大なデータを整理し、分析できる**ところにあります。

　社内データや外部データ、調査会社から渡されるデータにしても、分析に使われるのは、ほとんどすべてがエクセルで作成されたデータです。

　カンマ（,）でテキストを区切って並べたファイル形式（CSV形式：拡張子がcsvなど）のデータもあります。これは、エクセルをはじめ、異なるフォーマットのデータベース間でデータをやり取りする際などにも使われるものです。

## ➖ 必要なスキルは3つだけ

　データ分析を実施するにあたって、四則演算や「SUM」「AVERAGE」などの基本的な関数以外で、データ分析に欠かすことのできない機能は、次に挙げるたった3つだけです。

❶関数「VLOOKUP」
❷ピボットテーブル
❸ソルバー

　この3つの機能を使いこなせるようになれば、データ分析の効率は上がりますし、精度も高まります。
　ぜひ覚えてください。

　次ページ以降の3つのエクセル昨日について、本書を読みながら実際に指を動かしていただきたいと思います。読者特典として、次ページ以降に出てくるエクセルファイルもご用意しましたので、ぜひダウンロードして学んでください。
　なお、四則演算や「SUM」や「AVERAGE」などの基本的な関数について、もしご存じない場合は、まずは一冊、何でもいいので、エクセルの基本書を読んでみてください。

## 関数「VLOOKUP」の使用方法と活用例 2

### ❌ VLOOKUPの機能

エクセルの関数「VLOOKUP」は、データを整理する際に最も活用する関数です。

図表94のように、売上データと顧客マスターデータが別々で保管されていることはよくあります(図ではわかりやすくするため、同じシートに記載しています)。**VLOOKUPは、データ分析において、こうした異なるデータをつなぎ合わせるときに頻繁に活用**します。

データ分析を行い、戦略や打ち手を構築していくためには、「誰に、何を、どのように展開していくか」を見極めることが重要です。

しかし、〔売上データ〕では、顧客が「いつ、何を」購入しているのかはわかりますが、それぞれの顧客がどんな属性を持っているのかわからないので、「誰に」は不明です。

〔顧客マスターデータ〕では、各顧客がどんな属性なのかしかわかりません。

このような状態のままデータを保持している企業は少なくないのではないでしょうか。

そこで、VLOOKUPを用いて紐づけを行います。

図表94　売上データと顧客マスターデータ

| | A | B | C | D | E | F |
|---|---|---|---|---|---|---|
| 1 | 【売上データ】 | | | | | |
| 2 | 顧客ID | 注文日 | 商品名 | 単価 | 個数 | 金額 |
| 3 | 004 | 2013/7/18 | 化粧水A | 2,000 | 2 | 4,000 |
| 4 | 001 | 2013/7/18 | 乳液 | 3,000 | 1 | 3,000 |
| 5 | 002 | 2013/7/18 | 化粧水A | 2,000 | 1 | 2,000 |
| 6 | 002 | 2013/7/18 | クレンジング | 1,500 | 3 | 4,500 |
| 7 | 005 | 2013/7/18 | 化粧水B | 5,000 | 2 | 10,000 |
| 8 | 006 | 2013/7/18 | 石けん | 1,000 | 4 | 4,000 |
| 9 | 008 | 2013/7/18 | 化粧水A | 2,000 | 1 | 2,000 |
| 10 | 008 | 2013/7/18 | 石けん | 1,000 | 2 | 2,000 |
| 11 | 008 | 2013/7/18 | 美容液 | 8,000 | 1 | 8,000 |
| 12 | 003 | 2013/7/18 | 石けん | 1,000 | 3 | 3,000 |
| 13 | 009 | 2013/7/19 | 化粧水B | 5,000 | 1 | 5,000 |
| 14 | 004 | 2013/7/19 | クレンジング | 1,500 | 3 | 4,500 |
| 15 | | | | | | |
| 16 | 【顧客マスターデータ】 | | | | | |
| 17 | 顧客ID | 氏名 | 性別 | 年齢 | 職業 | 累積購入額 |
| 18 | 001 | 齋藤真理子 | 女性 | 54 | 主婦 | 320,500 |
| 19 | 002 | 鈴木曜子 | 女性 | 32 | 会社員 | 85,000 |
| 20 | 003 | 田中佳子 | 女性 | 43 | 会社員 | 254,500 |
| 21 | 004 | 佐藤優子 | 女性 | 21 | フリーター | 56,000 |
| 22 | 005 | 伊達愛 | 女性 | 33 | 自営業 | 13,000 |
| 23 | 006 | 堀江恵 | 女性 | 61 | 主婦 | 420,000 |
| 24 | 007 | 菅森美紀 | 女性 | 42 | 主婦 | 128,000 |
| 25 | 008 | 齋藤健太 | 男性 | 30 | 会社員 | 99,000 |
| 26 | 009 | 吉田裕樹 | 男性 | 35 | 会社員 | 5,000 |
| 27 | 010 | 市川淳子 | 女性 | 48 | 主婦 | 34,000 |

## ÷ VLOOKUPの使い方

　図表94の上半分にある売上データと、下半分にある顧客マスターデータを見ていただくと、両方に共通して「顧客ID」セルがあるのがわかります。

　VLOOKUPを使って、このお互いのデータの「顧客ID」を紐づけることで、2つのデータを1つに統合することが可能となるのです。

　では、次の項では、売上データに顧客マスターデータを紐づけてみます。

## ❶ VLOOKUP関数を実際に使ってみる

VLOOKUPは、以下の基本式に則り、値を入力します。

=vlookup(検索値, 範囲, 列番号, [検索方法])

では、実際にVLOOKUP関数の使い方を見てみましょう。

ここでは例として、図表95のように、売上データの「金額」の右側に、顧客マスターデータにある「性別」「年齢」「職業」「累積購入額」をつなぎ合わせます。

まず、図表95のセルG3に、

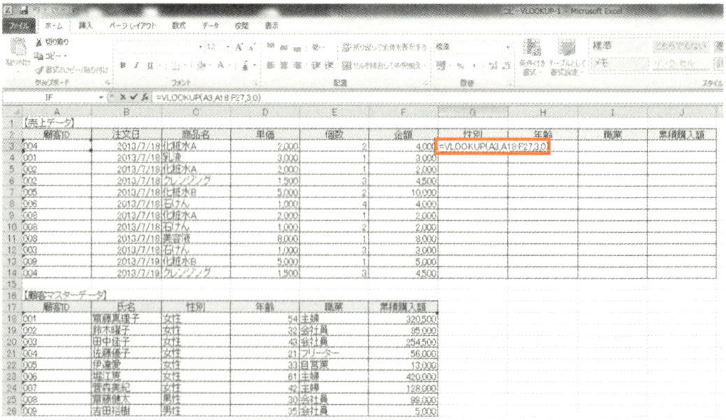

=vlookup(A3, A18 : F27, 3, 0)

と入力します。

**図表95 データの紐づけ❶**

(1) 1番目の引数〔検索値〕

1番目の引数には、検索したいデータ、もしくは、そのデータを入力するセルを指定します。ここでは、検索したいデータについて顧客IDで紐づけを行うので、〔売上データ〕の顧客ID（004）が入ったセル「A3」を選択します。

(2) 2番目の引数〔範囲〕

2番目の引数には、検索対象となる表の範囲を指定します。ここでは、〔顧客マスターデータ〕から紐づけを行うので、顧客マスターデータ全体の範囲である「A18：F27」を指定します。

(3) 3番目の引数〔列番号〕

VLOOKUP関数は、指定した表の「左端の列」を縦方向（行単位）に検索するよう設計されています。要は、1番目の引数であるセル「A3」に入っている"004"と同じデータを、2番目の引数「A18:F27」の左端の列である「A18:A27」の中から検索するのです。

そして、3番目の引数では、検索する表の左端から"何番目"の列から抽出するかを指定します。列位置は、(2)で指定した表の「左端から何列目か」を指定します。ここではまず〔顧客マスターデータ〕の「性別」から抽出します。「性別」は表の左端から"3番目"ですので「3」を入力します。

(4) 4番目の引数〔検索方法〕

この引数には、1番目の引数である検索値が、2番目の引数である範囲の左端列の中に見つからなかった場合にどうするかを

設定します。検索値が見つからなかった場合にエラー表示させるときは「0」を入力します。

この状態で、もし〔顧客マスターデータ〕に検索したい顧客IDである"004"がなかった場合は、エラー表示の「#N/A」が表示されます。検索したいデータと完全一致するときのみ表示させたい場合に使用します。

また、完全一致するデータが見つからなかった場合に、そのデータを超えない最大値を検索する場合は、「0」の代わりに「1」を入力します。

さて、セルG3に「=vlookup（A3, A18：F27, 3, 0）」と入力すると、〔顧客マスターデータ〕から顧客ID004の性別に該当する「女性」が表示されました〈図表96〉。

## ❷全セルに同様にVLOOKUP関数を入力

次に、その他のセルにも同じようにVLOOKUP関数を入力します。それぞれのセルが該当する引数を入力されているか注意してください。

たとえば、セルG4に入力する場合、次のようになります。

=vlookup（A4, AI8：F27, 3, 0）

また、セルH3に年齢を入力する場合は、次のように入力します。

Chapter 6：[参考] データ分析で必要なエクセルのスキルは3つだけ!

=VLOOKUP(A3, AI8:F27, 4, 0)

各セルに正しいVLOOKUP関数を入力すると、図表97のようなデータが完成します。

### 図表96 データの紐づけ❷

| | A | B | C | D | E | F | G | H | I | J |
|---|---|---|---|---|---|---|---|---|---|---|
| 1 | [売上データ] | | | | | | | | | |
| 2 | 顧客ID | 注文日 | 商品名 | 単価 | 個数 | 金額 | 性別 | 年齢 | 職業 | 累積購入額 |
| 3 | 004 | 2013/7/18 | 化粧水A | 2,000 | 2 | 4,000 | 女性 | | | |
| 4 | 001 | 2013/7/18 | 乳液 | 3,000 | 1 | 3,000 | | | | |
| 5 | 002 | 2013/7/18 | 化粧水A | 2,000 | 1 | 2,000 | | | | |
| 6 | 002 | 2013/7/18 | クレンジング | 1,500 | 3 | 4,500 | | | | |
| 7 | 005 | 2013/7/18 | 化粧水B | 5,000 | 2 | 10,000 | | | | |
| 8 | 006 | 2013/7/18 | 石けん | 1,000 | 4 | 4,000 | | | | |
| 9 | 008 | 2013/7/18 | 化粧水A | 2,000 | 1 | 2,000 | | | | |
| 10 | 008 | 2013/7/18 | 石けん | 1,000 | 2 | 2,000 | | | | |
| 11 | 009 | 2013/7/18 | 美容液 | 8,000 | 1 | 8,000 | | | | |
| 12 | 003 | 2013/7/18 | 石けん | 1,000 | 3 | 3,000 | | | | |
| 13 | 009 | 2013/7/18 | 化粧水B | 5,000 | 1 | 5,000 | | | | |
| 14 | 004 | 2013/7/19 | クレンジング | 1,500 | 3 | 4,500 | | | | |
| 15 | | | | | | | | | | |
| 16 | [顧客マスターデータ] | | | | | | | | | |
| 17 | 顧客ID | 氏名 | 性別 | 年齢 | 職業 | 累積購入額 | | | | |
| 18 | 001 | 齋藤真理子 | 女性 | 54 | 主婦 | 320,500 | | | | |
| 19 | 002 | 鈴木瑠子 | 女性 | 32 | 会社員 | 85,000 | | | | |
| 20 | 003 | 田中佳子 | 女性 | 40 | 会社員 | 254,500 | | | | |
| 21 | 004 | 佐藤道子 | 女性 | 21 | フリーター | 56,000 | | | | |
| 22 | 005 | 伊達愛 | 女性 | 30 | 自営業 | 13,000 | | | | |
| 23 | 006 | 堀江恵 | 女性 | 61 | 主婦 | 420,000 | | | | |
| 24 | 007 | 宮森美紀 | 女性 | 42 | 主婦 | 128,000 | | | | |
| 25 | 008 | 齋藤健太 | 男性 | 30 | 会社員 | 99,000 | | | | |
| 26 | 009 | 吉田拓樹 | 男性 | 20 | 会社員 | 5,000 | | | | |
| 27 | 010 | 市川洋子 | 女性 | 46 | 主婦 | 34,000 | | | | |

### 図表97 データの紐づけ❸

| | A | B | C | D | E | F | G | H | I | J |
|---|---|---|---|---|---|---|---|---|---|---|
| 1 | [売上データ] | | | | | | | | | |
| 2 | 顧客ID | 注文日 | 商品名 | 単価 | 個数 | 金額 | 性別 | 年齢 | 職業 | 累積購入額 |
| 3 | 004 | 2013/7/18 | 化粧水A | 2,000 | 2 | 4,000 | 女性 | 21 | フリーター | 56,000 |
| 4 | 001 | 2013/7/18 | 乳液 | 3,000 | 1 | 3,000 | 女性 | 54 | 主婦 | 320,500 |
| 5 | 002 | 2013/7/18 | 化粧水A | 2,000 | 1 | 2,000 | 女性 | 32 | 会社員 | 85,000 |
| 6 | 002 | 2013/7/18 | クレンジング | 1,500 | 3 | 4,500 | 女性 | 32 | 会社員 | 85,000 |
| 7 | 005 | 2013/7/18 | 化粧水B | 5,000 | 2 | 10,000 | 女性 | 30 | 自営業 | 13,000 |
| 8 | 006 | 2013/7/18 | 石けん | 1,000 | 4 | 4,000 | 女性 | 61 | 主婦 | 420,000 |
| 9 | 008 | 2013/7/18 | 化粧水A | 2,000 | 1 | 2,000 | 男性 | 30 | 会社員 | 99,000 |
| 10 | 008 | 2013/7/18 | 石けん | 1,000 | 2 | 2,000 | 男性 | 30 | 会社員 | 99,000 |
| 11 | 009 | 2013/7/18 | 美容液 | 8,000 | 1 | 8,000 | 男性 | 20 | 会社員 | 99,000 |
| 12 | 003 | 2013/7/18 | 石けん | 1,000 | 3 | 3,000 | 女性 | 40 | 会社員 | 254,500 |
| 13 | 009 | 2013/7/18 | 化粧水B | 5,000 | 1 | 5,000 | 男性 | 35 | 会社員 | 5,000 |
| 14 | 004 | 2013/7/19 | クレンジング | 1,500 | 3 | 4,500 | 女性 | 21 | フリーター | 56,000 |
| 15 | | | | | | | | | | |
| 16 | [顧客マスターデータ] | | | | | | | | | |
| 17 | 顧客ID | 氏名 | 性別 | 年齢 | 職業 | 累積購入額 | | | | |
| 18 | 001 | 齋藤真理子 | 女性 | 54 | 主婦 | 320,500 | | | | |
| 19 | 002 | 鈴木瑠子 | 女性 | 32 | 会社員 | 85,000 | | | | |
| 20 | 003 | 田中佳子 | 女性 | 40 | 会社員 | 254,500 | | | | |
| 21 | 004 | 佐藤道子 | 女性 | 21 | フリーター | 56,000 | | | | |
| 22 | 005 | 伊達愛 | 女性 | 30 | 自営業 | 13,000 | | | | |
| 23 | 006 | 堀江恵 | 女性 | 61 | 主婦 | 420,000 | | | | |
| 24 | 007 | 宮森美紀 | 女性 | 42 | 主婦 | 128,000 | | | | |
| 25 | 008 | 齋藤健太 | 男性 | 30 | 会社員 | 99,000 | | | | |
| 26 | 009 | 吉田拓樹 | 男性 | 20 | 会社員 | 5,000 | | | | |
| 27 | 010 | 市川洋子 | 女性 | 46 | 主婦 | 34,000 | | | | |

## ❸応用編:4番目の引数に1を入力する場合

先ほど少し触れましたが、4番目の引数に「1」を入力する場合、図表98のように累積購入額を一定の範囲でセグメントして、価格帯別の傾向を分析するような場合に活用できます。

この場合、セルG3には、次のように入力しています。

=vlookup(F3,A16:B25,2,1)

注意すべきは、1番目の引数を顧客IDではなく、〔累積購入額〕である「F3」を選択していることと、4番目の引数に「1」を入力していることです。

4番目の引数に0を入力すると、累積購入額で完全一致しないので、すべてエラー「#N/A」となってしまいます。

**図表98 価格帯別の傾向を分析**

| | A | B | C | D | E | F | G |
|---|---|---|---|---|---|---|---|
| 1 | 【顧客マスターデータ】 | | | | | | |
| 2 | 顧客ID | 氏名 | 性別 | 年齢 | 職業 | 累積購入額 | 累積購入額 |
| 3 | 001 | 齋藤真理子 | 女性 | 54 | 主婦 | 320,500 | 30万円以上 |
| 4 | 002 | 鈴木曜子 | 女性 | 32 | 会社員 | 85,000 | 5万円以上 |
| 5 | 003 | 田中佳子 | 女性 | 43 | 会社員 | 254,500 | 20万円以上 |
| 6 | 004 | 佐藤優子 | 女性 | 21 | フリーター | 56,000 | 5万円以上 |
| 7 | 005 | 伊達愛 | 女性 | 33 | 自営業 | 13,000 | 1万円以上 |
| 8 | 006 | 堀工恵 | 女性 | 61 | 主婦 | 420,000 | 30万円以上 |
| 9 | 007 | 菅738美紀 | 女性 | 42 | 主婦 | 128,000 | 10万円以上 |
| 10 | 008 | 齋藤健太 | 男性 | 30 | 会社員 | 99,000 | 5万円以上 |
| 11 | 009 | 吉田裕樹 | 男性 | 35 | 会社員 | 5,000 | 1万円未満 |
| 12 | 010 | 市川淳子 | 女性 | 48 | 主婦 | 34,000 | 3万円以上 |
| 13 | | | | | | | |
| 14 | 【累積購入額レベル】 | | | | | | |
| 15 | 累積購入額 | 累積購入額レベル | | | | | |
| 16 | 0 | 1万円未満 | | | | | |
| 17 | 10,000 | 1万円以上 | | | | | |
| 18 | 20,000 | 2万円以上 | | | | | |
| 19 | 30,000 | 3万円以上 | | | | | |
| 20 | 50,000 | 5万円以上 | | | | | |
| 21 | 100,000 | 10万円以上 | | | | | |
| 22 | 200,000 | 20万円以上 | | | | | |
| 23 | 300,000 | 30万円以上 | | | | | |
| 24 | 500,000 | 50万円以上 | | | | | |
| 25 | 1,000,000 | 100万円以上 | | | | | |

# 「ピボットテーブル」の使用方法と活用例 3

## ❌ 大容量データを扱う際に便利な機能

　エクセルのピボットテーブルは、先ほどの関数「VLOOKUP」と同様、本当によく使います。

　本書に登場したさまざまな分析方法における**「クロス集計」と呼ばれる作業の大半は、この機能によって可能となります。**

　クロス集計とは、与えられた多量のデータのうち、2つないし3つ程度の項目に着目して、データの分析や集計を行うことです。

　図表99のように列・行ともに容量の多い形式のデータにおいて、ピボットテーブルは大活躍します。

**図表99　ピボットテーブルが活躍する大容量データ**

## ピボットテーブルの作成

まず、先ほどの図表99のような大容量データを全選択します。シートが選択されている状態で、図表100のように、メニューから〔挿入〕→〔ピボットテーブル〕を選択します。

すると、ピボットテーブルの作成というダイアログボックス〈図表101〉が表示されるので、OKボタンを押します。

OKボタンを押すと、新しいシートに、項目が未選択状態のピボットテーブルが登場します。

ここまでできたら準備完了です。

分析したい項目を、作成されたピボットテーブル〈図表102〉の画面右下のテーブルにドラッグしていくことで、クロス集計ができます。

**図表100　ピボットテーブル挿入**

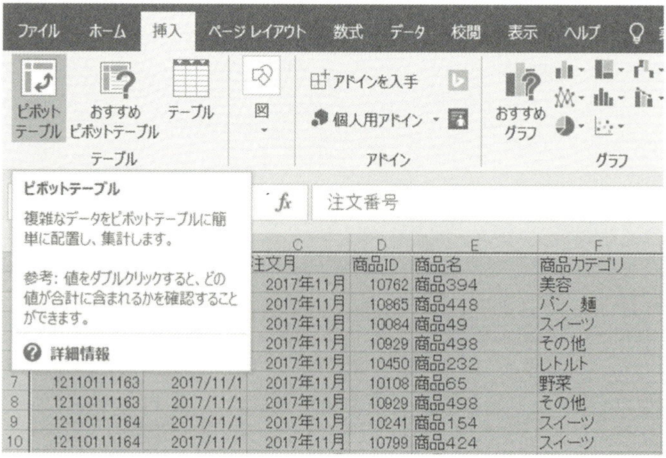

図表101 ピボットテーブルの作成

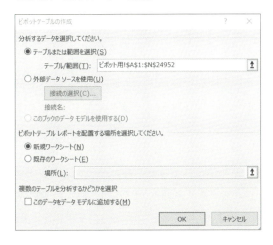

図表102 作成されたピボットテーブル

## 知っておきたい便利なポイント

**❶クロス集計表の作成**

さっそくクロス集計表を作成してみましょう。

　画面右側の「ピボットテーブルのフィールド」から「商品カテゴリ」を下部の行ラベルボックスへドラッグします。同じように「注文月」を列ラベルボックスへ、「商品売上」を値ボックスへドラッグします。

　このように、分析したい項目をそれぞれのボックスへドラッグすると、図表103のように、商品カテゴリ別の売上推移のクロス集計表が作成されます。

　また、図表103では行に商品カテゴリ、列に年月が表示されていますが、この行と列を逆にすると、図表104のようになります。

　図表103でも図表104でもどちらでもかまいません。自分で集計したい形式になるように項目を入れていきましょう。

　他の分析軸の集計表に変更する場合は、フィールドリストから、分析したい項目を該当のボックスへドラッグします。

　また、すでに表示されている項目を外すのであれば、ボックス外へドラッグするかフィールドリストのチェックを外すことで集計表から除外することができます。

　次に、表示されている集計表に、フィルタ条件（一定の条件に基づいてデータを選別・加工・排除する機能）を設定しましょう。

Chapter 6：[参考] データ分析で必要なエクセルのスキルは3つだけ！

### 図表103　商品カテゴリ別の売上推移Ⅰ❶

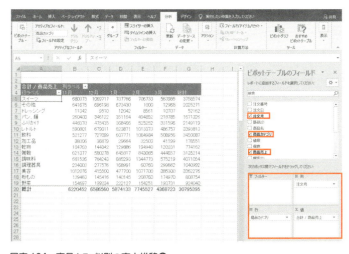

### 図表104　商品カテゴリ別の売上推移❷

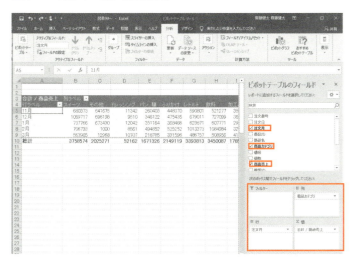

まず「顧客状態」を、図表105のようにレポートフィルタボックスにドラッグします。

集計表のフィルタ欄に「顧客状態」が表示されます。「▼」ボタンをクリックし、表示された項目の中から「新規会員」を選択してOKボタンをクリックすると、表示される数値データが「新規会員」に絞られた数字になります〈図表106〉。
出来上がった集計表を見てみると、先ほどの図表103と異なり、新規会員による売上のみを合計した値になっていることがわかるでしょう。
このように、**表示する項目のみをチェックすることで、必要な項目のみに絞った集計ができます。**

図表105　レポートフィルタへの追加

## Chapter 6：[参考] データ分析で必要なエクセルのスキルは3つだけ！

**図表106　新規会員のみのピボットテーブル**

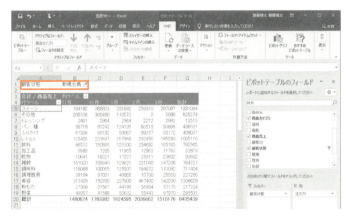

❷詳細に集計する

次に、より細かい部分までデータを掘り下げてみることにしましょう。

フィールドリストの設定を、それぞれ以下のように設定してみます。

◉レポートフィルタ →「顧客状態」……新規顧客を選択
◉行ラベル → 1.「商品カテゴリ」、2.「商品名」
◉列ラベル →「注文月」

すると、次ページ図表107のように、商品分類がカテゴリまでではなく、各商品まで詳細に集計された表が作成されます。

図表107　商品別のピボット表❶

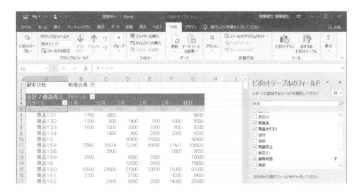

次に、表の並べ方を変えてみましょう。

商品のABC分析（Chapter 3の02参照）を行いたいときに、表をまとめる際、図表107の形式のままでは、分析を行うのには適していません。

上から順番に金額の高いものから（降順に）並べることにより、ABC分析をする際に活用できる形式となります。

たとえば、3月におけるスイーツの売上上位順から並べたいというとき、カーソルを、3月におけるスイーツの中のいずれかの商品売上数値（セル「F6」以下）に合わせます。

そして、〔データ〕→〔並べ替え〕→〔降順〕とクリックすることにより、図表108のようになります。

**図表108　商品別のピボット表❷**

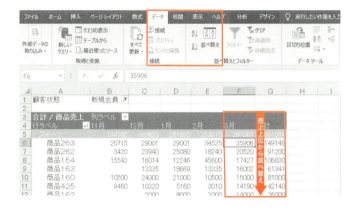

❸表の形式を変える

図表108のままだと、たとえばABC分析をするために、別シートにコピー&ペーストした場合、図表109のように「商品カテゴリ」と「商品名」が同じ列に入ってしまい、非常に分析がしづらい形式となってしまいます。

**図表109　商品カテゴリと商品が同じ列で使いづらい**

そこで、ピボットテーブルツールの〔デザイン〕→〔レポートのレイアウト〕→〔表形式で表示〕をクリックすることで、図表110のように、列Aに「商品カテゴリ」、列Bに「商品名」が表示されるようになります。

これによって、別シートに貼り付けた際も、商品だけで分析することが可能となるのです。

**図表110　商品別のピボット表❸**

列Aに商品カテゴリ、
列Bに商品名が整理される

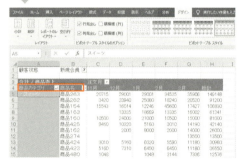

❹データの追加

データ分析を進めていくと、分析途中でVLOOKUPを使ってデータ項目を付け加えたりする場面が多々出てきます。新たに追加した項目をピボットテーブルに追加したいときは、データソースの変更を行います。

図表111のように、ピボットテーブルの〔分析〕→〔データソースの変更〕→〔データソースの変更〕を選択すれば、一番初めに設定した元データ画面に移りますので、そこで新たにデータ範囲を選択してください。

図表111　データソースの変更

❺表示形式の変更

元データに空白があると、次ページ図表112のように表示されます。

これは、単純にその項目が記載されているセルの数を数えているだけで、商品金額の合計値ではありません。

そのようなときには、次ページ図表113のように「データの個数／商品カテゴリ」のセルにカーソルを合わせ、ピボットテーブルの〔分析〕→〔フィールドの設定〕をクリックして、「値フィールドの集計」を「合計」に合わせます。

**図表112 データの個数**

**図表113 データの集計**

　以上、ピボットテーブルの基本的な使い方になります。ぜひ、いろいろな数値データをもとにして使ってみてください。

# 「ソルバー」の使用方法と活用例 4

## ➕ ソルバーを有効にする

エクセルには後から簡単に追加できる「アドイン」という機能がいくつか用意されており、ソルバーもそのひとつです。**ソルバーは、予算計画や予定管理などにとても役に立つ機能**です。

エクセルでソルバーを使用するには、ソルバーのアドインを有効にする必要があります。

まずは、エクセルの〔ファイル〕→〔オプション〕をクリックし、「Excelのオプション」のウィンドウを表示させます。

次に〔アドイン〕をクリックして、アドインの表示と管理の画面に切り替え、図表114のように「ソルバーアドイン」にカーソルを合わせ「設定」をクリックします。

**図表114 アドインの表示と管理の画面**

そして、表示されたウィンドウ〈図表115〉の「ソルバーアドイン」にチェックをつけてOKを押します。

すると、図表116のように、〔データ〕タブの〔分析〕グループに「ソルバー」が表示されます。

図表115　アドインの設定ウィンドウ

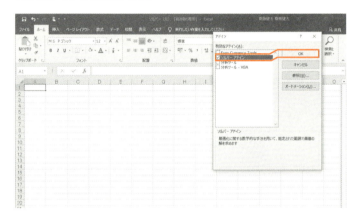

図表116　ソルバーの追加

## 知っておきたい便利なポイント

先ほども少しお伝えしましたが、ソルバーは、販売計画や予算計画、予定管理、予算配分などを検討する際にとても便利な機能です。

たとえば、「目標とする利益額」が決まっていて、その「目標を達成するために、各商品をいくつずつ売ればよいか？」という計画数値を策定するときに、ソルバーの機能を使用すると、簡単に目安となる数値を計算してくれます。

それでは、ソルバーを使って、簡単な予算計画を作成してみましょう。

### Case Study

Chapter 5の収益管理のケースで収益性を分析したアパレル企業の各店舗の来期における予算計画を立てます。来期の管理部門コスト配賦後利益率の目標値は全店舗合計で15％です。以下の条件があるときに、各店舗はいくらの売上を目標とすればよいでしょうか？

条件1：管理部門コスト配賦後利益の赤字店舗はつくらない
条件2：前年度の管理部門コスト配賦後利益率が15％以上の店舗は前年度と同水準とする
条件3：固定費は前年と変わらない
条件4：変動費率は前年と変わらない
条件5：前年度の管理部門コスト配賦後利益率が15％未満の店舗は前年度以上の水準とする
条件6：売上高は前年度以上とする

図表117は、前年度の各店舗の実績を示しています。

前年度は全店舗合計で管理部門コスト配賦後利益率が14.2%でした。ソルバーを使って、来期の目標を達成する各店舗予算計画を立てましょう。

まずソルバーを使うためのもととなる表を作成します。

図表118を見てください。店舗A・店舗B・店舗D・店舗F・店舗H・店舗Iについては、管理部門コスト配賦後利益率が15%を超えているので、前年度と同水準の数値が入ります。

また、固定費額と変動費率は前年度と変わりないという条件なので、店舗C、店舗E、店舗G、店舗Jに関しても、この部分は前年度と同じ数値が入ります。

**図表117　前年度の各店舗の実績**

| | A | 店舗A | 店舗B | 店舗C | 店舗D | 店舗E | 店舗F | 店舗G | 店舗H | 店舗I | 店舗J | 合計 |
|---|---|---|---|---|---|---|---|---|---|---|---|---|
| 1 | | | | | | | | | | | | 単位:百万円 |
| 2 | | 店舗A | 店舗B | 店舗C | 店舗D | 店舗E | 店舗F | 店舗G | 店舗H | 店舗I | 店舗J | 合計 |
| 3 | 売上 | 904 | 660 | 398 | 288 | 252 | 212 | 167 | 117 | 71 | 39 | 3,110 |
| 4 | 固定費 | 309 | 319 | 243 | 114 | 152 | 99 | 112 | 54 | 35 | 23 | 1,460 |
| 5 | 変動費 | 389 | 239 | 162 | 106 | 100 | 68 | 65 | 41 | 25 | 15 | 1,210 |
| 6 | 変動費比率 | 43.0% | 36.2% | 40.8% | 36.8% | 39.5% | 32.2% | 38.8% | 35.0% | 34.7% | 38.5% | 38.9% |
| 7 | 管理部門コスト配賦後利益 | 207 | 102 | -7 | 68 | 1 | 45 | -10 | 22 | 11 | 1 | 440 |
| 8 | 管理部門コスト配賦後利益率 | 22.9% | 15.5% | -1.7% | 23.8% | 0.2% | 21.3% | -5.9% | 18.4% | 15.6% | 2.5% | 14.2% |

**図表118　ソルバーの活用❶**

| | A | 店舗A | 店舗B | 店舗C | 店舗D | 店舗E | 店舗F | 店舗G | 店舗H | 店舗I | 店舗J | 合計 |
|---|---|---|---|---|---|---|---|---|---|---|---|---|
| 1 | 【予算計画】 | | | | | | | | | | | 単位:百万円 |
| 2 | | 店舗A | 店舗B | 店舗C | 店舗D | 店舗E | 店舗F | 店舗G | 店舗H | 店舗I | 店舗J | 合計 |
| 3 | 売上 | 904 | 660 | | 288 | | 212 | | 117 | 71 | | 2,253 |
| 4 | 固定費 | 309 | 319 | 243 | 114 | 152 | 99 | 112 | 54 | 35 | 23 | 1,460 |
| 5 | 変動費 | 389 | 239 | | 106 | | 68 | | 41 | 25 | | 869 |
| 6 | 変動費比率 | 43.0% | 36.2% | 40.8% | 36.8% | 39.5% | 32.2% | 38.8% | 35.0% | 34.7% | 38.5% | 38.5% |
| 7 | 管理部門コスト配賦後利益 | 207 | 102 | -243 | 68 | -152 | 45 | -112 | 22 | 11 | -23 | -75 |
| 8 | 管理部門コスト配賦後利益率 | 22.9% | 15.5% | | 23.8% | | 21.3% | | 18.4% | 15.6% | | -3.3% |
| 9 | | | | | | | | | | | | |
| 10 | | | | | | | | | | | | |
| 11 | 【前年度実績】 | | | | | | | | | | | 単位:百万円 |
| 12 | | 店舗A | 店舗B | 店舗C | 店舗D | 店舗E | 店舗F | 店舗G | 店舗H | 店舗I | 店舗J | 合計 |
| 13 | 売上 | 904 | 660 | 398 | 288 | 252 | 212 | 167 | 117 | 71 | 39 | 3,110 |
| 14 | 固定費 | 309 | 319 | 243 | 114 | 152 | 99 | 112 | 54 | 35 | 23 | 1,460 |
| 15 | 変動費 | 389 | 239 | 162 | 106 | 100 | 68 | 65 | 41 | 25 | 15 | 1,210 |
| 16 | 変動費比率 | 43.0% | 36.2% | 40.8% | 36.8% | 39.5% | 32.2% | 38.8% | 35.0% | 34.7% | 38.5% | 38.9% |
| 17 | 管理部門コスト配賦後利益 | 207 | 102 | -7 | 68 | 1 | 45 | -10 | 22 | 11 | 1 | 440 |
| 18 | 管理部門コスト配賦後利益率 | 22.9% | 15.5% | -1.7% | 23.8% | 0.2% | 21.3% | -5.9% | 18.4% | 15.6% | 2.5% | 14.2% |

Chapter 6：［参考］データ分析で必要なエクセルのスキルは3つだけ！

　変動費は「売上×変動費率」で計算されるので、店舗CのセルD5には、次のように入力します。

　　=D3*D6

　また、管理部門コスト配賦後利益率は「管理部門コスト配賦後利益÷売上」ですので、店舗CのセルD8には、

　　=iferror(D7/D3,"")

が入力されます。図表118のような表の準備が整ったら、ソルバーを使用して計算を進めていきます。
　ソルバーによって算出すべき項目は、店舗C・店舗E・店舗G・店舗Jの「売上」になってきます。「ソルバー」ボタンを選択すると、図表119のようなウィンドウが現れます。
　表示の意味は次ページに示す通りです。

**図表119　ソルバーのパラメーターウィンドウ**

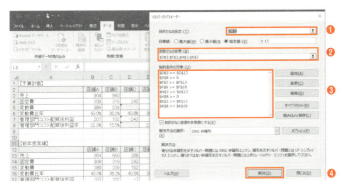

❶目的は、全店舗合計の管理部門コスト配賦後利益率を15%にすることなので、セルL8を選択します。

❷変数セルは店舗C・店舗E・店舗G・店舗Jなので、セルD3・F3・H3・K3を選択します。

❸制約条件は、各店舗の売上は前年度以上、前年度利益がマイナスの店舗は利益率0%以上、前年度利益がプラスの店舗は前年度以上とします。

❹図表119の画面から、「解決」ボタンを押すと、図表120のように、目標値が自動的に計算されます。

ビジネスでは計画とシミュレーションをあわせて行うことが多くあります。そうしたときに、電卓で1項目だけを計算しても、関連する別の項目が見落とされていては意味がありません。

最終的には人間の感覚で計画数値を仕上げるにしても、**ソルバーを活用して数字の裏づけを取ることは、"勘"だけに頼ってムダな時間と労力を費やすことに比べると、非常に有益ですし、まわりのコンセンサスを取りやすくする**のです。

図表120　ソルバーの活用❷

|  | A | B | C | D | E | F | G | H | I | J | K | L |
|---|---|---|---|---|---|---|---|---|---|---|---|---|
| 1 | 【予算計画】 | | | | | | | | | | | 単位：百万円 |
| 2 | | 店舗A | 店舗B | 店舗C | 店舗D | 店舗E | 店舗F | 店舗G | 店舗H | 店舗I | 店舗J | 合計 |
| 3 | 売上 | 904 | 660 | 411 | 288 | 277 | 212 | 185 | 117 | 71 | 42 | 3,168 |
| 4 | 固定費 | 309 | 319 | 243 | 114 | 152 | 99 | 112 | 54 | 35 | 23 | 1,460 |
| 5 | 変動費 | 389 | 239 | 168 | 106 | 109 | 68 | 72 | 41 | 25 | 16 | 1,233 |
| 6 | 変動費比率 | 43.0% | 36.2% | 40.8% | 36.8% | 39.5% | 32.2% | 38.8% | 35.0% | 34.7% | 38.5% | 38.9% |
| 7 | 管理部門コスト配賦後利益 | 207 | 102 | 1 | 68 | 15 | 45 | 1 | 22 | 11 | 2 | 475 |
| 8 | 管理部門コスト配賦後利益率 | 22.9% | 15.5% | 0.3% | 23.8% | 5.5% | 21.3% | 0.5% | 18.4% | 15.6% | 5.5% | 15.0% |
| 9 | | | | | | | | | | | | |
| 10 | | | | | | | | | | | | |
| 11 | 【前年度実績】 | | | | | | | | | | | 単位：百万円 |
| 12 | | 店舗A | 店舗B | 店舗C | 店舗D | 店舗E | 店舗F | 店舗G | 店舗H | 店舗I | 店舗J | 合計 |
| 13 | 売上 | 904 | 660 | 398 | 288 | 252 | 212 | 167 | 117 | 71 | 39 | 3,110 |
| 14 | 固定費 | 309 | 319 | 243 | 114 | 152 | 99 | 112 | 54 | 35 | 23 | 1,460 |
| 15 | 変動費 | 389 | 239 | 162 | 106 | 100 | 68 | 65 | 41 | 25 | 15 | 1,210 |
| 16 | 変動費比率 | 43.0% | 36.2% | 40.8% | 36.8% | 39.5% | 32.2% | 38.8% | 35.0% | 34.7% | 38.5% | 38.9% |
| 17 | 管理部門コスト配賦後利益 | 207 | 102 | -7 | 68 | 1 | 45 | -10 | 22 | 11 | 1 | 440 |
| 18 | 管理部門コスト配賦後利益率 | 22.9% | 15.5% | -1.7% | 23.8% | 0.2% | 21.3% | -5.9% | 18.4% | 15.6% | 2.5% | 14.2% |

# おわりに

　本書でご説明してきた通り、データ分析は、企業の問題解決のためにとても有用です。

　なぜなら、数値データという「事実」に基づいて分析するため、客観的に根本原因を把握することができるからです。

　本書を最後までお読みいただいた方はお気づきかと思いますが、問題解決のために重要なのは、まず「根本原因を把握すること」です。

　私の会社では、この根本原因を把握することを「課題発見」と呼び、データ分析を駆使した「課題発見型コンサルティング」を提供しています。

　課題さえ発見できれば、生じている問題に対してピンポイントで解決策を講じることができるため、「成功しない確率」が格段に低くなります。たとえ、あまり効果が出なかったとしても、数値に基づいた施策のため、検証が容易で、次の解決策にもつなげやすくなります。

　ぜひ、本書で学んだデータ分析方法を活用して、みなさんの会社の問題（事象）に対して「課題発見」してみてください。

　最後までお読みいただき、ありがとうございます。

クロスメディア・コンサルティング
齋藤　健太

# 実務で使える
# データ分析プログラム
# スキルチェックシート

以下のQRコードから、本書で学んだ
Chapter 6のエクセルファイルと、
データ分析方法を実践するための
「スキルチェックシート」がダウンロードできます。

https://cm-group.jp/LP/40270/

本書をお読みいただいた方限定で、
Chaper 6でご説明したエクセルファイルと、
本書とはまた異なるデータ分析事例によるスキルチェックを兼ねた
データ分析プログラム(マニュアルと実践エクセル)を
プレゼントしています。ぜひチャレンジしてみてください。

読者特典

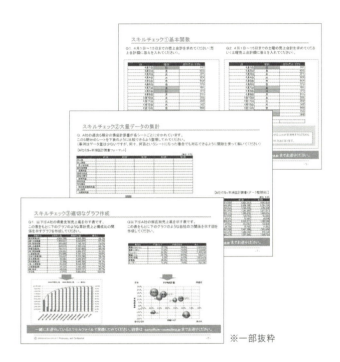

※一部抜粋

### 実務で使えるデータ分析プログラム

- ＋ これだけは押さえておきたいショートカットキー
- － スキルチェック❶ 基本関数
- × スキルチェック❷ 大量データの集計
- ÷ スキルチェック❸ 適切なグラフ作成
- ＝ さらにデータ分析スキルを上げたい方へ

【著者略歴】

## 齋藤健太（さいとう・けんた）

株式会社クロスメディア・コンサルティング代表取締役社長。
慶応義塾大学理工学部卒業。（株）船井総合研究所にて戦略コンサルティング部に属し、幅広い業種において、主に中期経営計画策定やマーケティング戦略の構築、M&Aにおけるビジネスデューデリジェンス等に携わる。その後、2012年1月に独立。独立後も製造業や小売業、サービス業など大小さまざまな企業の課題発見に従事し、成果を上げる。特に、データ分析においては、他のコンサルティングファームからも依頼がくる実績を持つ。2018年10月にクロスメディア・コンサルティングを設立、現在に至る。

https://cm-consulting.jp/

# 新装版　問題解決のためのデータ分析

2019年 2月 1日　初版発行

発　行　株式会社クロスメディア・パブリッシング

　　　　　　　　　　　　　　　　　　　　　　　発 行 者　小早川 幸一郎
　　　　　〒151-0051　東京都渋谷区千駄ヶ谷4-20-3 東栄神宮外苑ビル
　　　　　　　　　　　　　　　　　　　　http://www.cm-publishing.co.jp
■ 本の内容に関するお問い合わせ先 …………………… TEL (03)5413-3140 ／ FAX (03)5413-3141

発　売　株式会社インプレス

　　　　　　〒101-0051　東京都千代田区神田神保町一丁目105番地
■ 乱丁本・落丁本などのお問い合わせ先 ……………… TEL (03)6837-5016 ／ FAX (03)6837-5023
　　　　　　　　　　　　　　　　　　　　　　　　　　　　service@impress.co.jp
　　　　　　　　　　　（受付時間 10:00 ～ 12:00、13:00 ～ 17:00　土日・祝日を除く）
　　　　　　　　　　　　※古書店で購入されたものについてはお取り替えできません

■ 書店／販売店のご注文窓口
　　　　株式会社インプレス　受注センター ………………… TEL (048)449-8040 ／ FAX (048)449-8041
　　　　株式会社インプレス　出版営業部 …………………………………………… TEL (03)6837-4635

カバー・本文デザイン　金澤浩二（cMD）　　　　カバー・本文イラスト　高橋由季
本文デザイン・DTP　荒 好見（cMD）　　　　　　印刷・製本　中央精版印刷株式会社
©Kenta Saito 2019 Printed in Japan　　　　　　ISBN 978-4-295-40270-1　C2034